中华人民共和国行业推荐性标准

公路钢桥面铺装设计与施工技术规范

Specifications for Design and Construction of Pavement on Highway Steel Deck Bridge

JTG/T 3364-02—2019

主编单位：招商局重庆交通科研设计院有限公司
批准部门：中华人民共和国交通运输部
实施日期：2019 年 09 月 01 日

人民交通出版社股份有限公司

图书在版编目（CIP）数据

公路钢桥面铺装设计与施工技术规范：JTG/T 3364-02—2019 / 招商局重庆交通科研设计院有限公司主编. — 北京：人民交通出版社股份有限公司，2019. 7

ISBN 978-7-114-15637-3

Ⅰ. ①公… Ⅱ. ①招… Ⅲ. ①公路桥—桥面铺装—技术规范—中国 Ⅳ. ①U448. 14-65

中国版本图书馆 CIP 数据核字（2019）第 122163 号

标准类型：中华人民共和国行业推荐性标准
标准名称：公路钢桥面铺装设计与施工技术规范
标准编号：JTG/T 3364-02—2019
主编单位：招商局重庆交通科研设计院有限公司
责任编辑：李　沛
责任校对：赵媛媛
责任印制：刘高彤
出版发行：人民交通出版社股份有限公司
地　　址：（100011）北京市朝阳区安定门外外馆斜街 3 号
网　　址：http://www. ccpress. com. cn
销售电话：（010）59757973
总 经 销：人民交通出版社股份有限公司发行部
经　　销：各地新华书店
印　　刷：北京市密东印刷有限公司
开　　本：880 × 1230　1/16
印　　张：5. 25
字　　数：136 千
版　　次：2019 年 7 月　第 1 版
印　　次：2023 年 3 月　第 2 次印刷
书　　号：ISBN 978-7-114-15637-3
定　　价：50. 00 元
（有印刷、装订质量问题的图书，由本公司负责调换）

中华人民共和国交通运输部

公　　告

第36号

交通运输部关于发布《公路钢桥面铺装设计与施工技术规范》的公告

现发布《公路钢桥面铺装设计与施工技术规范》(JTG/T 3364-02—2019)，作为公路工程行业推荐性标准，自2019年9月1日起施行。

《公路钢桥面铺装设计与施工技术规范》(JTG/T 3364-02—2019)的管理权和解释权归交通运输部，日常解释和管理工作由主编单位招商局重庆交通科研设计院有限公司负责。

请各有关单位注意在实践中总结经验，及时将发现的问题和修改建议函告招商局重庆交通科研设计院有限公司（地址：重庆市南岸区学府大道33号，邮编：400067）。

特此公告。

中华人民共和国交通运输部

2019年5月27日

交通运输部办公厅　　2019年5月29日印发

前　言

根据交通运输部《关于下达2012年度公路工程行业标准制修订项目计划的通知》（厅公路字〔2012〕184号）的要求，由招商局重庆交通科研设计院有限公司作为主编单位承担《公路钢桥面铺装设计与施工技术规范》（JTG/T 3364-02—2019）（以下简称"本规范"）的制定工作。

编写组在全面总结国内外公路钢桥面铺装设计、施工经验的基础上，围绕我国公路钢桥面铺装设计、施工实践过程中遇到的主要技术问题，开展了科学研究与试验验证工作，并充分吸收了相关研究成果。经广泛征求意见后，编制了本规范，对公路钢桥面铺装的设计、施工、材料、施工质量管理等进行了规定。

本规范由7章和11个附录构成，主要内容包括：

1. 钢桥面铺装结构设计方法；
2. 钢桥面铺装材料技术要求；
3. 钢桥面铺装沥青混合料技术要求；
4. 钢桥面铺装施工工艺要求；
5. 钢桥面铺装施工质量管理要求。

请各有关单位在执行过程中，将发现的问题和意见函告本规范日常管理组，联系人：郝增恒（地址：重庆市南岸区学府大道33号，邮编：400067，电话：023-62761968，传真：023-62453666，电子邮箱：haozengheng@cmhk.com），以便修订时参考。

主 编 单 位： 招商局重庆交通科研设计院有限公司

参 编 单 位： 东南大学

重庆市智翔铺道技术工程有限公司

北京路桥中交科技有限公司

主　　　编： 张　华

主要参编人员： 郝增恒　钱振东　王　民　周进川　牟建波

高　博　张东长　王泽民　张占军　杨　波

主　　　审： 曹荣吉

参与审查人员： 张肖宁　刘清泉　章登精　郝培文　丁庆军　陈仕周　苏权科

高宝峰　何兆益　王　俏　朱梦良　张玉斌　冯兆祥　左洪利

主要参加人员： 胡德勇　肖　丽　盛兴跃　兰　超　姜治伟　吴文军　周启伟

目　次

1　总则

1.0.1　为规范和指导公路钢桥面铺装工程设计和施工，保障工程质量，制定本规范。

1.0.2　本规范适用于采用正交异性钢桥面板的公路桥梁新建、重铺和改建桥面铺装工程。

1.0.3　钢桥面铺装设计与施工应遵循安全、耐久、适用、环保、经济的原则。

1.0.4　钢桥面铺装工程应积极稳妥地推广使用经试验和实践证明有效的新技术、新材料、新工艺。

条文说明

钢桥面铺装在中国仍然有很多技术问题需要解决，铺装性能亟须提高。本规范鼓励新技术、新材料、新工艺的研究与应用，但需要坚持积极稳妥的原则。

1.0.5　公路钢桥面铺装设计与施工除应符合本规范的规定外，尚应符合国家和行业现行有关标准的规定。

2 术语和符号

2.1 术语

2.1.1 钢桥面铺装 pavement of steel deck bridge

铺设于桥梁钢制面板之上，供车辆安全舒适行驶，对钢桥面板具有保护作用的铺装结构，主要由结构层和界面功能层组成。结构层通常由保护层和磨耗层两层构成。界面功能层通常包括防腐层、防水黏结层、缓冲层、黏层等，如图2.1.1所示。其中防腐层和缓冲层可根据需要设置。

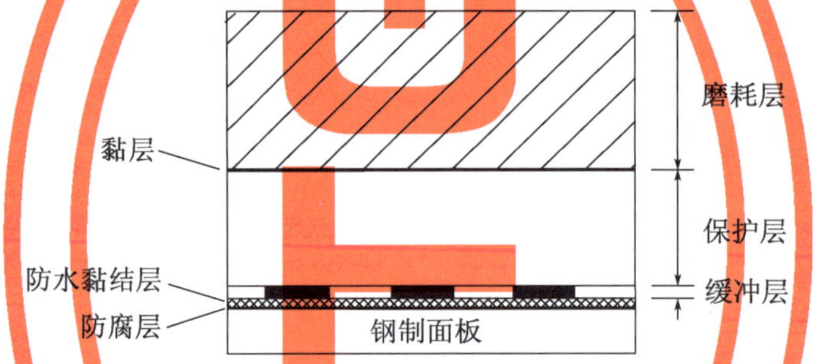

图2.1.1 钢桥面铺装结构示意图

2.1.2 结构层 pavement structure layer

提供粗糙界面供车辆行走，同时也起到保护钢桥面板作用，具有一定厚度的沥青混合料层。

2.1.3 磨耗层 wearing coarse

钢桥面铺装表面的沥青混合料层，直接与汽车轮胎接触，提供承载、抗滑等功能。

2.1.4 保护层 protecting layer

位于磨耗层之下，起到承载和保护下部层位作用的沥青混合料层，与防水黏结层等一起组成防水体系。

2.1.5 界面功能层 functional layer

主要起防腐、防水、黏结等功能作用的层位。

2.1.6 防腐层 anti-corrosion coat

涂布在钢桥面顶板表面，防止钢板生锈腐蚀的界面薄层。

2.1.7 防水黏结层 waterproof-bonding layer

用于钢板与保护层之间，起界面联结作用，并能阻止水分对钢板侵蚀的层位。

2.1.8 缓冲层 cushioning layer

用于防水黏结层与保护层之间，具有一定厚度，起隔热、缓冲荷载、提供施工平台等作用的层位。

2.1.9 黏层 tack coat

用于保护层与磨耗层之间，起黏结作用的层位。

2.1.10 环氧树脂黏结剂Ⅰ型 epoxy adhesive Ⅰ

主要由环氧树脂和固化剂组成，起防止水侵蚀和黏结下部层位作用，待其完全固化后方可施工上层。

2.1.11 环氧树脂黏结剂Ⅱ型 epoxy adhesive Ⅱ

主要由环氧树脂和固化剂组成，起防止水侵蚀和上下层黏结作用，在施工保护层后可继续反应，并起到黏结作用。

2.1.12 溶剂型沥青黏结剂 solvent asphalt adhesive

由可完全挥发溶剂溶解黏结材料形成的具有低黏度、冷施工特性的溶液。

2.1.13 改性沥青砂胶 modified asphalt mastic

由聚合物改性沥青与矿粉在高温下混合而成的具有良好流动性的胶浆。

2.1.14 环氧沥青 epoxy asphalt

由环氧树脂、沥青及固化剂按一定比例混合，形成的一种不可逆转的固化物。

2.1.15 浇注式沥青混合料 gussasphalt

由集料、矿粉和沥青结合料组成，经高温拌和后具有一定流动性、无须碾压、几乎无空隙的沥青混合料。

2.1.16 环氧沥青混合料 epoxy asphalt mixtures

由环氧沥青与一定级配的集料拌和形成的一种热固性沥青混合料，按照拌和温度可分为热拌环氧沥青混合料、温拌环氧沥青混合料和冷拌环氧沥青混合料。

2.1.17 容留时间 reserved time range

在规定温度条件下，反应性材料性能能够满足技术要求的施工时间范围。

2.2 符号

TLA——特立尼达湖沥青（Trinidad Lake Asphalt）；

GA——浇注式沥青混合料（Gussasphalt）；

EA——环氧沥青混合料（Epoxy Asphalt Mixtures）；

MMA——甲基丙烯酸甲酯树脂（Methyl Methacrylate Resin）。

3 铺装结构设计

3.1 一般规定

3.1.1 钢桥面铺装设计应综合考虑桥梁结构特点、交通荷载、环境气候、施工条件、恒载限制等因素，参考类似条件的桥面铺装工程经验进行。

条文说明

桥梁结构特点主要包括：桥梁类型、桥梁几何特性、桥面系结构特征（桥面顶板厚度、加劲肋间距、横梁或横隔板间距、纵向腹板位置）等，即对桥面铺装受力产生影响的相关桥梁结构参数。

交通荷载因素包括交通量水平和轴载，直接影响桥面铺装的使用寿命。在钢桥面铺装轴载换算方法还无深入理论研究或有明确研究成果前，交通量换算仍按现行《公路沥青路面设计规范》(JTG D50) 执行。

环境气候因素包括温度（极端最高气温、极端最低气温、最热月平均气温、最冷月平均气温)、湿度（相对湿度)、降雨（年降雨量、年内降雨量分布)、降雪（年降雪量、平均年降雪天数）等，这些因素影响钢桥面铺装结构与材料参数的确定。例如，寒冷地区考虑适当降低桥面铺装材料高温稳定性要求，提高材料变形能力要求，考虑铺装材料抗冻融性问题等；降雨量较大的地区需重点考虑桥面铺装防水、防滑及水损害问题；炎热地区需提高铺装材料高温稳定性等。

施工条件包括沥青混合料运输距离、施工期湿度及降雨情况、桥面系构造物布置、桥面板搭接情况及螺栓高度等。施工条件是影响铺装结构设计中方案选择的关键因素之一。例如，对箱梁栓接的桥梁，保护层采用需碾压的沥青混合料时，栓接部位难以压实，建议采用无须碾压、自流平的浇注式沥青混合料，可保证栓接部位的防水抗渗性能。

恒载限制影响桥面铺装设计总厚度，通常在桥梁结构设计中已有明确限定，钢桥面铺装设计时需考虑桥梁恒载限制。

3.1.2 公路钢桥面铺装设计使用年限宜不小于 15 年。

3.1.3 交通荷载分级标准应符合现行《公路沥青路面设计规范》(JTG D50) 的有关规定。

3.1.4 铺装结构设计应按下列顺序进行：

1 按照现行《公路沥青路面设计规范》（JTG D50）的规定调查桥梁所属路段的交通参数，确定桥梁的交通荷载等级。

2 根据桥梁结构特点、交通荷载、环境气候、施工条件、恒载限制等因素，结合钢桥面铺装的设计和使用经验，初步拟定桥面铺装组合结构的厚度及材料类型。

3 根据初拟方案，进行材料和混合料设计并进行相关性能试验，测试铺装结构层材料的力学参数。

4 按本规范附录A的规定，进行正交异性钢桥面板刚度验算。当刚度不满足要求时，采取增加桥面系刚度、提高桥面铺装结构层材料性能等技术措施。

5 验证铺装组合结构的高温稳定性能、界面联结性能和复合梁疲劳性能。

6 对通过验证的桥面铺装结构进行技术、经济分析，确定铺装结构方案和材料要求。

条文说明

钢桥面铺装结构设计流程如图3-1所示。

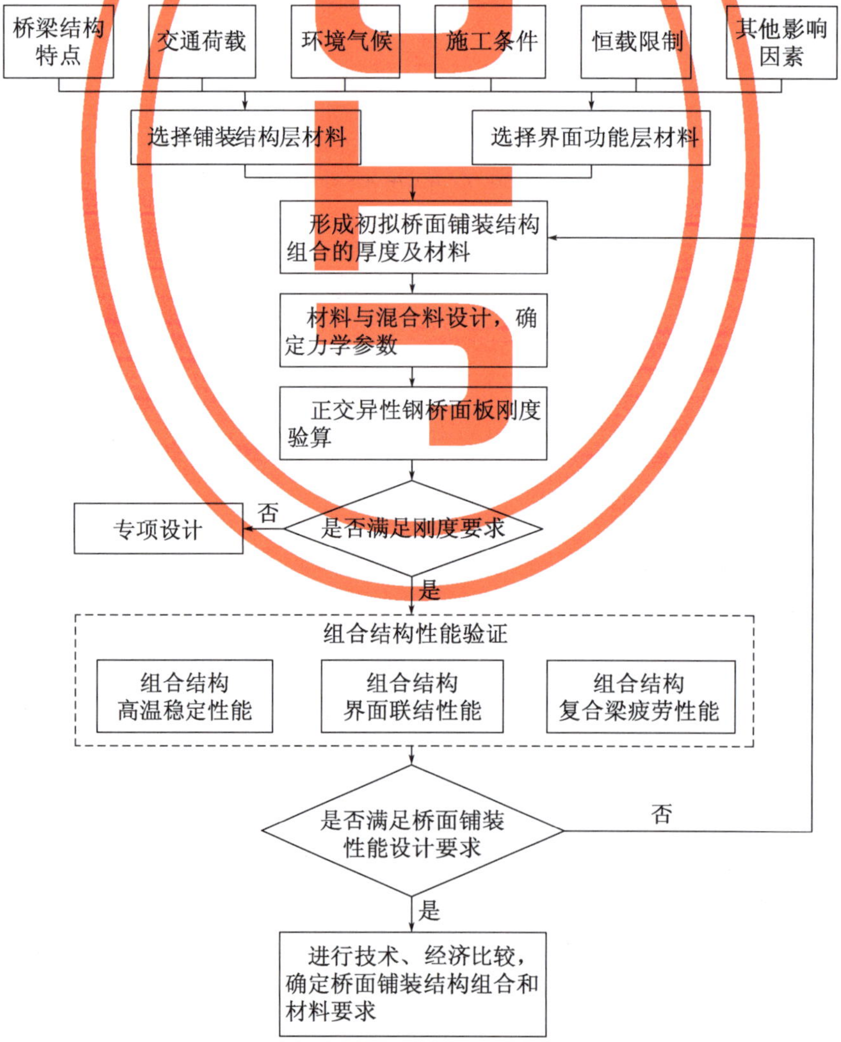

图3-1 钢桥面铺装结构设计流程

3.2 正交异性钢桥面板刚度验算

3.2.1 钢桥面铺装结构设计应按本规范附录 A 验算正交异性钢桥面板的刚度，验算荷载应采用现行《公路工程技术标准》（JTG B01）中对应公路—Ⅰ级荷载的车辆荷载。

3.2.2 正交异性钢桥面板的刚度应采用钢桥面板顶面最不利荷载位置处的最小曲率半径 R、纵向加劲肋间相对挠度 Δ 两项指标进行评价。两项指标宜通过有限元方法计算获得，也可采用本规范附录 A 计算获得，应符合表 3.2.2 的规定。

表 3.2.2 正交异性钢桥面板刚度要求

刚度指标	单位	技术要求
最小曲率半径 R	m	≥20
肋间相对挠度 Δ	mm	≤0.4

条文说明

正交异性钢桥面板刚度直接影响桥面铺装受力和使用寿命。我国钢桥发展初期，桥面铺装发生较多的早期病害正是由于正交异性钢桥面板刚度不足引起。参照日本《道路桥示方书》中顶板体系（即第三体系）的车轮荷载作用下弯曲曲率半径不小于 20m 且纵向加劲肋腹板间的相对竖向挠度应小于 0.4mm 的建议，根据我国现有正交异性钢桥面板刚度分析计算，本规范提出表 3.2.2 的刚度要求。

3.2.3 正交异性钢桥面顶板厚度小于 14mm 时，应采取提高桥面铺装结构层材料性能等技术措施。对正交异性钢桥面板刚度不满足要求的桥梁应进行专项设计。

条文说明

顶板厚度对正交异性钢桥面板刚度有较大影响，顶板厚度过小容易导致钢桥面铺装产生早期开裂。根据国内已有钢桥面铺装工程实践经验与教训，建议正交异性钢桥面板采用厚度不小于 14mm 的顶板。

专项设计中可以考虑采取增加桥面系刚度、提高桥面铺装结构层材料性能等技术措施，或采取限制车辆轴载等管理措施。

3.2.4 纵向腹板位置宜避开轮迹带。

条文说明

从我国钢桥面铺装实践及日本、德国钢桥面铺装多年工程实践可知，在车辆荷载作用下，对应纵腹板处的铺装层表面会产生较大的横向拉应变，易发生纵向开裂，导致铺装出现早期破坏。因此在进行桥面板及下部结构设计时，纵腹板位置通常避开轮迹带。

3.3 铺装结构设计

3.3.1 桥面铺装结构设计应包括铺装结构层设计和界面功能层设计两项内容，界面功能层应与铺装结构层相匹配。

3.3.2 磨耗层应平整密实，具有抗滑耐磨、抗裂耐久、抗高温变形等性能；保护层应具有抗渗水、随从变形、抗高温变形等性能，并应与防水黏结层黏结良好。

3.3.3 钢桥面铺装结构层宜采用浇注式沥青混合料、环氧沥青混合料或改性沥青混合料。

条文说明

浇注式沥青混合料常用的名称有 gussasphalt 和 mastic asphalt 两种：gussasphalt 源自德国，通常采用拌和站一次拌和；mastic asphalt 源自英国，早期通常采用首先拌和沥青、矿粉和细集料，再加入粗集料拌和的二次拌和方式，但目前也常采用拌和站一次拌和的方式。

环氧沥青混合料通常分为热拌环氧沥青混合料、温拌环氧沥青混合料和冷拌环氧沥青混合料。热拌环氧沥青混合料拌和温度一般为 170 ~ 190℃，温拌环氧沥青混合料拌和温度一般为 110 ~ 130℃，冷拌环氧沥青混合料在常温下拌和。

钢桥面铺装常用的改性沥青混合料包括改性沥青 SMA 和改性沥青 AC 两种，其中欧洲和我国多采用改性沥青 SMA，日本则多采用改性沥青 AC 作为浇注式沥青混合料的磨耗层使用。

3.3.4 铺装结构层总厚度应满足桥梁设计的恒载要求，单层厚度应根据沥青混合料压实特性确定，沥青混合料公称最大粒径应与单层厚度相匹配。各种沥青混合料单层厚度应符合表 3.3.4 的规定。

表 3.3.4 单层沥青混合料最小厚度与适宜厚度

混合料类型	公称最大粒径（mm）	最小厚度（mm）	适宜厚度（mm）
改性沥青 SMA、改性沥青 AC	9.5	30	35 ~ 40
	13.2	35	40 ~ 45
浇注式沥青混合料	9.5	25	30 ~ 40
	13.2	30	35 ~ 45
环氧沥青混合料	4.75	15	20 ~ 30
	9.5	25	25 ~ 35

3.3.5 铺装结构层组合设计可参考表3.3.5中的组合方案进行。

表3.3.5 铺装结构层组合参考方案

铺装材料	方案1		方案2		方案3		方案4		方案5	
	磨耗层	保护层	磨耗层	保护层	磨耗层	保护层	磨耗层	保护层	磨耗层	保护层
改性沥青SMA、改性沥青AC	√	—	—	—	√	—	—	—	√	√
浇注式沥青混合料	—	√	—	—	—	—	—	√	—	—
环氧沥青混合料	—	—	√	√	—	√	√	—	—	—

条文说明

以上铺装方案是在总结我国近年来钢桥面铺装研究成果及工程应用经验的基础上，结合德国、日本、美国常用铺装结构层材料类型而提出的，在国内均有实际工程案例，供设计者参考。

国内一些钢桥面铺装工程采用双层改性沥青SMA铺装结构时，将改性沥青SMA用于保护层。而改性沥青AC很少用于保护层，在日本一些钢桥和我国南京四桥钢桥面铺装工程中，保护层采用浇注式沥青混合料时磨耗层采用改性沥青AC。

3.3.6 界面功能层设置应符合下列规定：

1 钢桥面顶板表面宜设置防腐层，当防水黏结层具有防腐功能时可不设置防腐层。

2 钢桥面铺装应设置防水黏结层。

3 磨耗层与保护层之间宜设置黏层。

4 在防水黏结层与改性沥青SMA保护层之间，有隔热、缓冲荷载、提供施工平台等要求时应设置缓冲层。

条文说明

缓冲层主要起隔热、缓冲荷载、提供施工平台等作用，在我国通常用于改性沥青混合料铺装结构层与环氧树脂黏结剂Ⅰ型防水黏结层之间。

3.3.7 界面功能层材料和用量应按表3.3.7选择。

表3.3.7 界面功能层材料和用量

界面功能层类型	序号	材料名称	材料用量（厚度）
防腐层	1	环氧富锌漆	50～140μm
	2	丙烯酸防腐漆	0.10～0.20kg/m^2
防水黏结层	1	甲基丙烯酸甲酯树脂	2.50～3.50kg/m^2
	2	丙烯酸树脂黏结剂	0.15～0.20kg/m^2
	3	环氧树脂黏结剂Ⅰ型	0.60～1.10kg/m^2

续表 3.3.7

界面功能层类型	序号	材 料 名 称	材料用量（厚度）
防水黏结层	4	环氧树脂黏结剂Ⅱ型	0.40～0.50kg/m²
	5	环氧沥青黏结剂	0.65～0.71kg/m²
	6	溶剂型沥青黏结剂	0.20～0.40kg/m²
缓冲层	1	改性沥青砂胶	3～5mm
黏层	1	改性乳化沥青	0.30～0.50kg/m²
	2	环氧树脂黏结剂Ⅱ型	0.50～0.60kg/m²
	3	环氧沥青黏结剂	0.42～0.48kg/m²
	4	改性沥青	1.00～1.20kg/m²

注：厚度指完全固化后或完全干燥后的厚度。

条文说明

表3.3.7中各项材料在国内外均有较多的成熟应用案例。

丙烯酸防腐漆、甲基丙烯酸甲酯树脂、丙烯酸树脂黏结剂三种材料通常配合使用，分别起到防腐层、防水层和黏结层的作用。

丙烯酸防腐漆通常指以丙烯酸树脂为主基料，配以改性树脂、颜料、填料、助剂、溶剂等组成的防腐漆。

甲基丙烯酸甲酯树脂通常由甲基丙烯酸甲酯、改性树脂、颜料、填料、助剂等组成，经引发剂引发而固化形成具有防水性能涂膜的涂料。

丙烯酸树脂黏结剂通常指含有丙烯酸树脂成分的溶液，其在自然环境下固化成膜，并在较高温度环境下进一步固化产生较高黏结强度，通常起到甲基丙烯酸甲酯树脂与沥青混合料层间黏结的作用。

3.3.8 防腐层和防水黏结层类型宜按表3.3.8选取。

表3.3.8 防腐层和防水黏结层组合参考方案

保护层类型	浇注式沥青混合料			热拌环氧沥青混合料	温拌环氧沥青混合料	冷拌环氧沥青混合料	改性沥青SMA
防水黏结层类型	1. 丙烯酸树脂黏结剂； 2. 甲基丙烯酸甲酯树脂	溶剂型沥青黏结剂	环氧树脂黏结剂Ⅱ型	环氧树脂黏结剂Ⅱ型	环氧沥青黏结剂	环氧树脂黏结剂Ⅰ型，撒碎石	1. 溶剂型沥青黏结剂； 2. 第二层环氧树脂黏结剂Ⅰ型，撒碎石； 3. 第一层环氧树脂黏结剂Ⅰ型，撒碎石
防腐层类型	丙烯酸防腐漆	—	环氧富锌漆			—	环氧富锌漆

条文说明

界面功能层各层位都有多种材料可供选择。在选择界面功能层时，需要注意界面功能层与铺装结构层的匹配性。实践证明，只有界面功能层材料与铺装结构层材料构成合理的组合，铺装结构整体性能才能达到最佳。

经多年工程实践及验证，界面功能层与铺装结构层匹配性能较好的两个组合示例如图3-2和图3-3所示。

磨耗层	高弹改性沥青SMA10，厚度35mm
黏层	改性乳化沥青，用量0.30～0.50kg/m²
保护层	撒布粒径为5~10mm的预拌碎石，用量4.0~7.0kg/m²
	浇注式沥青混合料GA10，厚度35mm
防水黏结层	丙烯酸树脂黏结剂，用量0.15~0.20kg/m²
	两层甲基丙烯酸甲酯树脂，用量2.50~3.50kg/m²
防腐层	丙烯酸防腐漆，用量0.10~0.20kg/m²
钢板	表面清洁度Sa2.5级，粗糙度60~140μm

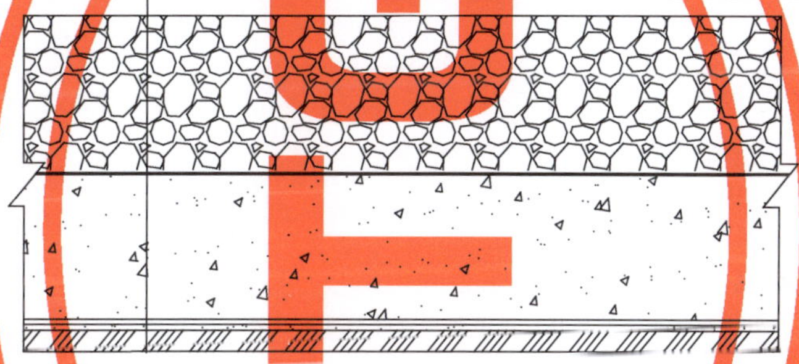

图3-2　钢桥面铺装组合设计示例一

磨耗层	环氧沥青混合料EA10，厚度25mm
黏层	环氧沥青黏结剂，用量0.42~0.48kg/m²
保护层	环氧沥青混合料EA10，厚度25mm
防水黏结层	环氧沥青黏结剂，用量0.65~0.71kg/m²
防腐层	环氧富锌漆，厚度50~100μm
钢板	表面清洁度Sa2.5级，粗糙度60~140μm

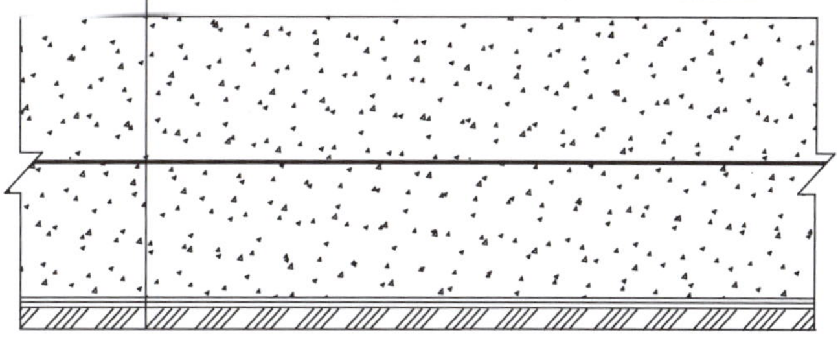

图3-3　钢桥面铺装组合设计示例二

3.3.9　黏层材料宜按表3.3.9选取。

表 3.3.9　黏层材料选择参考方案

<table>
<tr><th>磨耗层类型</th><th>保护层类型</th><th>可选择的黏层材料</th></tr>
<tr><td>改性沥青 SMA、改性沥青 AC</td><td>浇注式沥青混合料</td><td>改性乳化沥青</td></tr>
<tr><td rowspan="2">环氧沥青混合料</td><td rowspan="2">环氧沥青混合料</td><td>环氧树脂黏结剂Ⅱ型</td></tr>
<tr><td>环氧沥青黏结剂</td></tr>
<tr><td rowspan="3">改性沥青 SMA、改性沥青 AC</td><td rowspan="3">环氧沥青混合料</td><td>环氧树脂黏结剂Ⅱ型</td></tr>
<tr><td>环氧沥青黏结剂</td></tr>
<tr><td>改性沥青</td></tr>
<tr><td rowspan="2">环氧沥青混合料</td><td rowspan="2">浇注式沥青混合料</td><td>环氧树脂黏结剂Ⅱ型</td></tr>
<tr><td>环氧沥青黏结剂</td></tr>
<tr><td>改性沥青 SMA、改性沥青 AC</td><td>改性沥青 SMA</td><td>改性乳化沥青</td></tr>
</table>

条文说明

黏层的类型与铺装结构层相匹配时，能够取得较好的黏结效果，因此推荐了黏层选择的参考方案。

3.4　组合结构性能要求

3.4.1　初拟铺装组合结构方案确定后，应对拟设计的铺装组合结构进行高温稳定性能、界面联结性能、复合梁疲劳性能试验。高温稳定性能试验试件宜由磨耗层、黏层和保护层组成；界面联结性能试验试件宜由保护层、缓冲层（如有）、防水黏结层、防腐层（如有）和钢板组成；复合梁疲劳性能试验试件宜由磨耗层、黏层、保护层、缓冲层（如有）、防水黏结层、防腐层（如有）和钢板组成。

3.4.2　在25℃条件下进行铺装组合结构试件的界面黏结强度试验和界面剪切强度试验时，试验结果应分别满足式（3.4.2-1）和式（3.4.2-3）的要求。

$$\overline{\sigma}_{rm} \geq \sigma_d + Z_\alpha S \tag{3.4.2-1}$$

式中：$\overline{\sigma}_{rm}$——实测组合结构试件界面黏结强度平均值，MPa，参照本规范附录 B 进行；

σ_d——组合结构界面黏结强度设计值，MPa；

$$\sigma_d = K_C K_J \sigma_{st} \tag{3.4.2-2}$$

K_C——公路等级系数，依据桥梁所属线路的公路等级，按表 3.4.2-1 确定；

表 3.4.2-1　公路等级系数取值

公路等级系数	高速公路	一级公路	二级公路	三、四级公路
K_C	1.4	1.35	1.2	1.0

K_J——交通荷载等级修正系数，依据交通荷载等级，按表3.4.2-2确定；

表3.4.2-2　交通荷载等级修正系数取值

交通荷载等级修正系数	极重、特重交通	重交通	中等交通	轻交通
K_J	1.4~1.5	1.3~1.4	1.1~1.2	1.0

σ_{st}——标准轴载作用下，保护层与钢桥面板间的界面黏结强度标准值，MPa；对改性沥青SMA、浇注式沥青混合料保护层取0.3MPa，对环氧沥青混合料保护层取0.6MPa；

Z_α——标准正态分布表中随保证率（或置信度α）而变的系数，高速公路和一级公路取保证率95%，即$Z_\alpha = 1.645$；其他公路取保证率90%，即$Z_\alpha = 1.282$；

S——实测组合结构试件强度标准差。

$$\overline{\tau}_{rm} \geqslant \tau_d + Z_\alpha S \qquad (3.4.2\text{-}3)$$

式中：$\overline{\tau}_{rm}$——实测组合结构试件界面剪切强度平均值，MPa，参照本规范附录C进行；

τ_d——保护层与钢桥面板间的界面剪切强度设计值，MPa；

$$\tau_d = K_C K_J \tau_{st} \qquad (3.4.2\text{-}4)$$

τ_{st}——标准轴载作用下，保护层与钢桥面板间的界面剪切强度标准值，MPa；对改性沥青SMA、浇注式沥青混合料保护层取0.6MPa，对环氧沥青混合料保护层取1.2MPa。

条文说明

防水黏结材料强度设计值σ_d、τ_d的取值，兼顾了防水黏结材料的使用要求（界面黏结强度不小于荷载作用下的界面应力大小）和材料产品质量控制要求两方面因素。

通过模拟包括正交异性桥面板在内的桥面铺装结构，建立局部荷载（考虑了重载和冲击作用）作用下钢桥面铺装受力的有限元模型，分析顶板厚度12~18mm、纵向加劲肋（板）间距300~500mm工况下界面正应力和界面剪应力的变化范围。结果表明：改性沥青混合料铺装的界面剪切应力不超过0.6MPa，环氧沥青混合料铺装的界面剪切应力不超过1.2MPa，对应两种铺装材料时的界面正应力更小，不大于相应剪切应力的50%。

对各种防水黏结材料界面黏结强度统计分析，考虑不同公路等级的重要性、不同交通荷载等级对材料性能要求的区别，结合有限元计算结果，反算得出式（3.4.2-1）、式（3.4.2-3）。

3.4.3　根据磨耗层类型，组合结构高温稳定性应符合表3.4.3的要求。对重载车较多、纵坡较大或公交车站区域等路段，宜提高动稳定度要求。组合结构的高温稳定性能试验试件厚度应按设计厚度成型。

表 3.4.3 铺装组合结构车辙试验动稳定度要求

磨耗层类型	单 位	相应于下列气候分区的技术要求			试验方法
		夏炎热区	夏热区	夏凉区	
改性沥青 SMA	次/mm	≥2 000（70℃）	≥2 000（65℃）	≥2 000（60℃）	T 0719
改性沥青 AC		≥1 500（70℃）	≥1 500（65℃）	≥1 500（60℃）	
环氧沥青混合料		≥6 000（70℃）			

注：1. 气候分区按现行《公路沥青路面施工技术规范》（JTG F40）执行。

2. 试验方法按现行《公路工程沥青及沥青混合料试验规程》（JTG E20）规定的方法执行。

条文说明

由于磨耗层对组合结构高温稳定性影响较大，因此当提出组合结构车辙试验动稳定度技术要求时，依据磨耗层类型进行分类。

3.4.4 应在界面联结性能和高温稳定性能验证的基础上进行组合结构复合梁疲劳试验。对保护层采用改性沥青混合料或浇注式沥青混合料的铺装结构应采用五点加载复合梁疲劳试验评价，对保护层采用环氧沥青混合料的铺装结构应采用三点加载复合梁疲劳试验评价。复合梁疲劳试验结果应符合表 3.4.4 的要求。

表 3.4.4 复合梁疲劳试验次数要求

交通荷载等级	单 位	极重、特重交通	重交通	中等、轻交通	试验方法
五点加载复合梁疲劳试验	万次	≥120	≥100	≥80	本规范附录 D
三点加载复合梁疲劳试验		≥1 200	≥1 000	≥800	本规范附录 E

条文说明

目前，国内常用钢桥面铺装组合试件疲劳试验方法主要有两种：五点加载复合梁疲劳试验和三点加载复合梁疲劳试验。

五点加载复合梁疲劳试验参考德国《土木工程技术交付条件和技术试验规范》（TL/TP-ING）（2010 版）第 7 部分第 4 章“用于钢桥铺装防水层试验的技术试验规范”（TP BEL-ST），试验加载模式如图 3-4 所示。

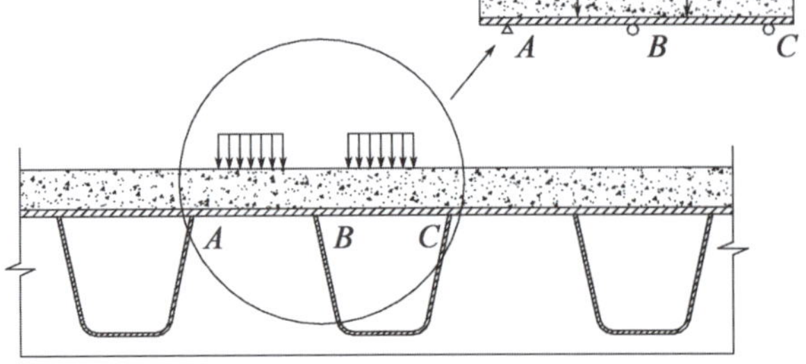

图 3-4 五点加载复合梁疲劳试验加载模式示意图

三点加载复合梁疲劳试验主要参考了东南大学的疲劳试验方法，类似于五点加载复合梁疲劳试验的简化模型，其复合梁试件尺寸较小，疲劳试验荷载也相对较小，试验加载模式如图3-5所示。

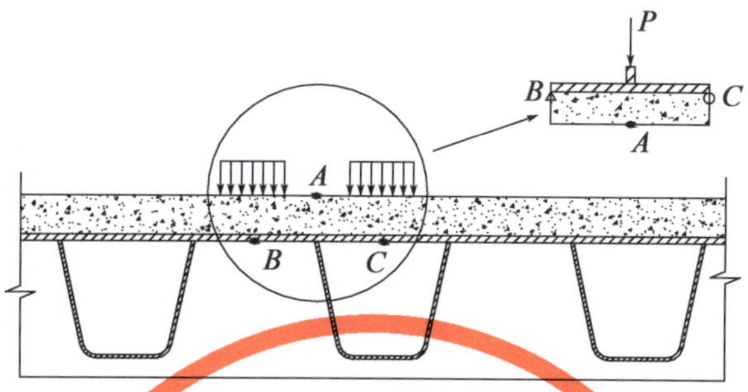

图3-5 三点加载复合梁疲劳试验加载模式示意图

通过大量试验发现，两种试验方法的破坏模式有较大区别，五点加载复合梁疲劳试验多为防水黏结层脱层破坏，而三点加载复合梁疲劳试验多为沥青混合料面层开裂破坏。大量调研和研究表明，采用改性沥青混合料和浇注式沥青混合料为保护层的铺装结构，其薄弱面为防水黏结层与保护层结合位置，对应的病害类型为脱层、推移等，因此建议采用五点加载复合梁疲劳试验来评价其铺装结构疲劳性能；采用环氧沥青混合料为保护层的铺装结构，其薄弱位置为磨耗层表面，对应的病害为面层开裂，建议采用三点加载复合梁疲劳试验来评价其铺装结构疲劳性能。

3.5 中央分隔带、索区、人行道和检修道等铺装方案

3.5.1 中央分隔带、索区、人行道和检修道等位置钢桥面板宜进行喷砂除锈。

3.5.2 中央分隔带、索区、人行道和检修道等位置应设置防水黏结层。

3.5.3 中央分隔带、索区、人行道和检修道等位置铺装应密实、不透水，并具备一定的防滑功能，可选用浇注式沥青混合料撒布碎石、砂粒式沥青混合料、聚氨酯塑胶、甲基丙烯酸甲酯树脂涂层等方案。

条文说明

中央分隔带与索区常存在较多的障碍物，很难采用摊铺机、压路机等设备进行施工，通常采用人工摊铺的方法施工。采用无须碾压或易碾压密实的材料，能够取得较好的密实效果并有效隔绝水分的渗透，如浇注式沥青混合料、砂粒式沥青混合料等。浇注式沥青混合料铺装方案示例如图3-6所示，砂粒式沥青混合料铺装方案示例如图3-7所示。

铺装层	撒布5~10mm碎石
	浇注式沥青混合料，厚度40~80mm
防水黏结层	溶剂型沥青黏结剂，用量0.20~0.40kg/m^2
防腐层	环氧富锌漆，厚度50~100μm
钢板	表面清洁度Sa2.5级，粗糙度30~100μm

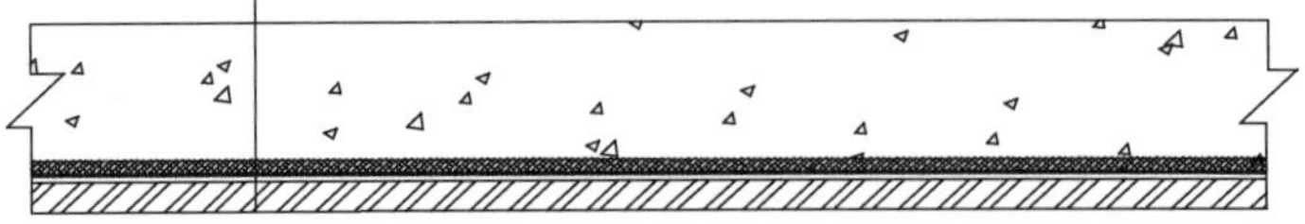

图 3-6　钢桥面中央分隔带参考铺装方案一

铺装层	砂粒式沥青混合料，厚度40~80mm
防水黏结层	溶剂型沥青黏结剂，用量0.20~0.40kg/m^2
防腐层	环氧富锌漆，厚度50~100μm
钢板	表面清洁度Sa2.5级，粗糙度30～100μm

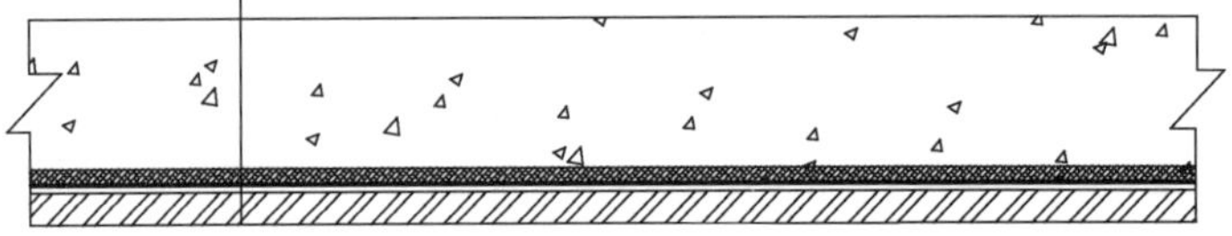

图 3-7　钢桥面中央分隔带参考铺装方案二

3.6　边缘防排水设计

3.6.1　桥面铺装边缘部位、桥面构造物与铺装接触部位宜设置防排水构造，详细设置方法可参考本规范附录 F。

4　材料

4.1　防腐层

4.1.1　环氧富锌漆主要性能应符合表4.1.1的要求，其他性能宜符合现行《富锌底漆》（HG/T 3668）的有关规定。

表4.1.1　环氧富锌漆技术要求

试验项目	单　位	技术要求	试验方法
材料外观	—	色泽均匀，搅拌后无凝胶、结块，呈均匀状态	目视
不挥发分	%	≥70	GB/T 16777—2008
不挥发分中金属锌含量	%	≥80	HG/T 3668—2009
黏度（ISO6号杯）	s	≥6	GB/T 6753.4—1998
表干时间（23℃）	min	≤15	GB/T 16777—2008
实干时间（23℃）	h	≤24	
黏结强度（与钢板，25℃）	MPa	≥7.0	本规范附录B

条文说明

我国早期也采用无机富锌漆和热喷金属锌作为钢桥面防腐层材料，但经工程实践证明，此两类材料界面黏结强度低于环氧富锌漆，且受到水侵蚀时容易失效导致界面脱层，因此本规范未纳入此两类防腐材料。

4.1.2　丙烯酸防腐漆性能应符合表4.1.2的要求。

表4.1.2　丙烯酸防腐漆技术要求

试验项目	单　位	技术要求	试验方法
材料外观	—	色泽均匀，搅拌后无凝胶、结块，呈均匀状态	目视
固体含量	%	≥30	GB/T 16777—2008
表干时间（23℃）	h	≤0.5	
实干时间（23℃）	h	≤1.0	
黏结强度（与钢板，25℃）	MPa	≥5.0	本规范附录B

4.2 防水黏结层

4.2.1 环氧树脂黏结剂性能应符合表4.2.1的要求。

表4.2.1 环氧树脂黏结剂技术要求

试验项目		单位	技术要求		试验方法
			环氧树脂黏结剂Ⅰ型	环氧树脂黏结剂Ⅱ型	
拉伸强度（23℃）		MPa	≥10.0	≥3.0	GB/T 16777—2008
断裂伸长率（23℃）		%	≥10	≥100	
表干时间（23℃）		min	≤30	—	
实干时间（23℃）		min	≤60	—	
不透水性（0.3MPa，24h）		—	不透水	不透水	
吸水率		%	≤0.3	≤0.3	GB/T 1034—2008
黏结强度（与钢板，25℃）		MPa	≥5.0	≥3.0	本规范附录B
黏结强度（与保护层，25℃）	保护层为环氧沥青混合料	MPa	—	≥1.5	
	保护层为改性沥青混合料或浇注式沥青混合料	MPa	—	≥1.0	

4.2.2 甲基丙烯酸甲酯树脂性能应符合表4.2.2的要求。

表4.2.2 甲基丙烯酸甲酯树脂技术要求

试验项目	单位	技术要求	试验方法
固体含量	%	≥95	GB/T 16777—2008
表干时间（23℃）	h	≤0.5	
实干时间（23℃）	h	≤1.0	
拉伸强度（23℃）	MPa	≥12.0	
断裂伸长率（23℃）	%	≥130	
不透水性（0.3MPa，24h）	—	不透水	
低温柔性（-20℃，φ20mm圆筒）	—	无裂纹	
硬度（邵D）	—	50～70	GB/T 2411—2008
抗冲击性（1kg，50cm）	—	无裂纹	GB/T 1732—1993
黏结强度（与钢板，25℃）	MPa	≥5.0	本规范附录B

4.2.3 丙烯酸树脂黏结剂性能应符合表 4.2.3 的要求。

表 4.2.3　丙烯酸树脂黏结剂技术要求

试验项目	单　位	技术要求	试验方法
固体含量	%	≥30	GB/T 16777—2008
表干时间（23℃）	h	≤0.5	
实干时间（23℃）	h	≤1.0	
黏结强度（与保护层，25℃）	MPa	≥1.0	本规范附录 B

4.2.4 溶剂型沥青黏结剂性能应符合表 4.2.4 的要求。

表 4.2.4　溶剂型沥青黏结剂技术要求

<table>
<tr><th colspan="2">试验项目</th><th>单　位</th><th>技术要求</th><th>试验方法</th></tr>
<tr><td colspan="2">固体含量</td><td>%</td><td>≥42</td><td rowspan="4">GB/T 16777—2008</td></tr>
<tr><td colspan="2">表干时间（23℃）</td><td>h</td><td>≤2</td></tr>
<tr><td colspan="2">实干时间（23℃）</td><td>h</td><td>≤8</td></tr>
<tr><td colspan="2">不透水性（0.3MPa，30min）</td><td>—</td><td>不透水</td></tr>
<tr><td rowspan="2">黏结强度（25℃）</td><td>与钢板</td><td>MPa</td><td>≥2.0</td><td rowspan="2">本规范附录 B</td></tr>
<tr><td>与保护层</td><td>MPa</td><td>≥1.0</td></tr>
</table>

4.2.5 环氧沥青黏结剂性能应符合表 4.2.5 的要求。

表 4.2.5　环氧沥青黏结剂技术要求

<table>
<tr><th colspan="2">试验项目</th><th>单　位</th><th>技术要求</th><th>试验方法</th></tr>
<tr><td colspan="2">拉伸强度（23℃）</td><td>MPa</td><td>≥6.0</td><td rowspan="3">GB/T 16777—2008</td></tr>
<tr><td colspan="2">断裂伸长率（23℃）</td><td>%</td><td>≥190</td></tr>
<tr><td colspan="2">不透水性（0.3MPa，24h）</td><td>—</td><td>不透水</td></tr>
<tr><td colspan="2">吸水率（7d，25℃）</td><td>%</td><td>≤0.3</td><td>GB/T 1034—2008</td></tr>
<tr><td colspan="2">黏度增加至 1Pa·s 的时间（120℃）</td><td>min</td><td>≥20</td><td>T 0625</td></tr>
<tr><td colspan="2">黏结强度（与钢板，25℃）</td><td>MPa</td><td>≥3.0</td><td rowspan="3">本规范附录 B</td></tr>
<tr><td rowspan="2">黏结强度
（与保护层，25℃）</td><td>保护层为环氧沥青混合料</td><td>MPa</td><td>≥2.0</td></tr>
<tr><td>保护层为改性沥青混合料</td><td>MPa</td><td>≥1.0</td></tr>
</table>

4.3 缓冲层

4.3.1 改性沥青砂胶油石比宜为 18%～24%，用于生产改性沥青砂胶的改性沥青和矿粉的质量应符合现行《公路沥青路面施工技术规范》（JTG F40）的有关规定。改性沥青砂胶的性能应符合表4.3.1-1和表4.3.1-2的要求。

表4.3.1-1 改性沥青砂胶高温性能技术要求

试验项目	单位	相应于下列气候分区的技术要求			试验方法
		夏炎热区	夏热区	夏凉区	
软化点（环球法）	℃	≥120	≥100	≥90	T 0606
热稳流淌性（75°倾角，75℃，1h）	mm	0	≤0.5	≤1.0	JT/T 203—2014

表4.3.1-2 改性沥青砂胶低温性能和其他性能技术要求

试验项目	单位	相应于下列气候分区的技术要求			试验方法
		冬寒区	冬冷区	冬温区	
低温柔性	—	-20℃无裂纹	-10℃无裂纹	0℃无裂纹	GB/T 16777—2008
刘埃尔流动性（220℃）	s	≤3			本规范附录G
黏结强度（与保护层，25℃）	MPa	≥1.0			本规范附录B

注：低温柔性试验采用胶结料进行。

条文说明

由于掺加矿粉后低温柔性试验离散性较大，因此规定采用胶结料（改性沥青）进行低温柔性试验。

4.4 黏层

4.4.1 改性乳化沥青性能应符合表4.4.1的要求。

表4.4.1 改性乳化沥青技术要求

试验项目		单位	技术要求	试验方法
1.18mm筛上剩余量		%	≤0.1	T 0652
储存稳定性（5d）		%	≤5	T 0655
沥青标准黏度 $C_{25,3}$		s	8~25	T 0621
蒸发残留物含量		%	≥55	T 0651
蒸发残留物性质	针入度（25℃，100g，5s）	0.1mm	40~100	T 0604
	延度（5℃，5cm/min）	cm	≥20	T 0605
	软化点（环球法）	℃	≥55	T 0606

4.4.2 环氧树脂黏结剂Ⅱ型性能应符合表4.2.1的要求。

4.4.3 环氧沥青黏结剂性能应符合表4.2.5的要求。

4.4.4 改性沥青性能应符合表4.4.4的要求。

表4.4.4　改性沥青技术要求

试验项目		单位	技术要求	试验方法
针入度（25℃，100g，5s）		0.1mm	30～60	T 0604
延度（5℃，5cm/min）		cm	≥25	T 0605
软化点（环球法）		℃	≥85	T 0606
弹性恢复率（25℃）		%	≥80	T 0662
TFOT（或RTFOT）后残留物	质量变化	%	-1.0～+1.0	T 0610或T 0609
	针入度比（25℃，100g，5s）	%	≥65	T 0604
	延度（5℃，5cm/min）	cm	≥15	T 0605

4.5 沥青结合料

4.5.1 改性沥青SMA/改性沥青AC用改性沥青性能应符合表4.5.1的要求。

表4.5.1　改性沥青SMA/改性沥青AC用改性沥青技术要求

试验项目		单位	相应于下列气候分区的技术要求						试验方法
			夏炎热区		夏热区		夏凉区		
			普通型	高弹型	普通型	高弹型	普通型	高弹型	
针入度（25℃，100g，5s）		0.1mm	30～50	60～80	40～60	70～90	50～70	80～100	T 0604
软化点（环球法）		℃	≥90	≥85	≥85	≥80	≥80	≥75	T 0606
延度（5cm/min，5℃）		cm	≥20	≥40	≥30	≥50	≥40	≥60	T 0605
弹性恢复率（25℃）		%	≥75	≥90	≥70	≥85	≥65	≥80	T 0662
闪点		℃	≥240						T 0611
135℃黏度		Pa·s	≤3.0						T 0621
TFOT（或RTFOT）后残留物	质量变化	%	-1.0～+1.0						T 0610或T 0609
	针入度比（25℃）	%	≥65						T 0604
	延度（5℃）	cm	≥15	≥25	≥20	≥30	≥25	≥35	T 0605

条文说明

根据我国已有工程应用情况及研究成果，钢桥面铺装结构层在加劲肋、横梁（横隔板）或纵向腹板顶部位置受到负弯矩作用，磨耗层表面产生较大拉应变，易发生疲劳开裂，因此对磨耗层的抗开裂性能和耐疲劳性能要求较高。相对普通型改性沥青而言，高弹改性沥青具有更好的抗裂效果。对桥面磨耗层表面拉应变较小的情况，改性沥青 SMA/改性沥青 AC 通常采用普通型改性沥青。

4.5.2 浇注式沥青混合料用改性沥青性能应符合表 4.5.2 的要求。

表 4.5.2 浇注式沥青混合料用改性沥青技术要求

试验项目		单位	技术要求			试验方法
			Ⅰ	Ⅱ	Ⅲ	
针入度（25℃，100g，5s）		0.1mm	20～40	10～40	15～30	T 0604
软化点（环球法）		℃	≥85	≥95	58～68	T 0606
延度（5cm/min）	25℃	cm	—	—	≥10	T 0605
	10℃	cm	—	≥10	—	
	5℃	cm	≥10	—	—	
闪点		℃	≥280			T 0611
溶解度		%	≥99	85～95	80～91	T 0607
密度（15℃）		g/cm^3	≥1.00			T 0603
TFOT（或 RTFOT）后残留物	质量变化	%	－1.0～＋1.0			T 0610 或 T 0609
	针入度比（25℃）	%	≥70			T 0604

条文说明

浇注式沥青混合料常用改性沥青分为三类：Ⅰ为聚合物改性沥青，Ⅱ为聚合物改性沥青与天然沥青复合改性沥青，Ⅲ为道路石油沥青与天然沥青复合改性沥青。

为增加浇注式沥青混合料高温性能，常在沥青中掺入湖沥青等天然沥青。天然沥青虽然有耐老化、高温稳定性好等优点，但其常温、低温下的脆性限制了其在钢桥面铺装中的应用。德国在 1993 年修订钢桥面铺装技术规范时，规定在钢桥面铺装中不得使用特立尼达和多巴哥的天然湖沥青，但我国气候条件和交通条件与德国差异较大，因此我国仍规定可使用天然沥青。

4.5.3 环氧沥青结合料性能应符合表 4.5.3 中的要求。

表 4.5.3 环氧沥青结合料技术要求

试验项目	单位	技术要求			试验方法
		热拌环氧沥青结合料	温拌环氧沥青结合料	冷拌环氧沥青结合料	
拉伸强度（23℃）	MPa	≥2.0	≥1.5	≥2.0	GB/T 16777—2008
断裂伸长率（23℃）	%	≥100	≥200	≥50	

续表 4.5.3

试验项目		单位	技术要求			试验方法
			热拌环氧沥青结合料	温拌环氧沥青结合料	冷拌环氧沥青结合料	
吸水率（7d，25℃）		%	≤0.3	≤0.3	≤0.3	GB/T 1034—2008
黏度增加至 1Pa·s 的时间	(23℃)	min	—	—	≥60	T 0625
	(120℃)		—	≥50	—	

注：环氧沥青结合料拌和均匀，养生后进行试验。热拌环氧沥青结合料养生温度和时间按下列顺序：在 150℃ ±1℃下放置 3h，在 60℃ ±1℃下放置 4d；温拌环氧沥青结合料养生温度为 120℃ ±1℃，养生时间为 4h；冷拌环氧沥青结合料养生温度为 60℃ ±1℃，养生时间为 16h。所有环氧沥青结合料养生完毕后，在室温下放置 1d 方可保温进行试验。

4.6 集料

4.6.1 钢桥面铺装沥青混合料碎石集料应选用非酸性轧制集料。粗集料、细集料及矿粉性能应符合现行《公路沥青路面施工技术规范》（JTG F40）的有关规定。

4.6.2 粗集料宜选用现行《公路沥青路面施工技术规范》（JTG F40）中 S14（3～5mm）、S12（5～10mm）、S10（10～15mm）三种规格。对改性沥青 SMA、改性沥青 AC，粒径大于 9.5mm 集料的针片状颗粒含量不应大于 10%，粒径小于 9.5mm 集料的针片状颗粒含量不应大于 15%。

4.6.3 浇注式沥青混合料用粗集料除应符合现行《公路沥青路面施工技术规范》（JTG F40）的有关规定外，其 240℃保温 60min 后的压碎值应不大于 28%。

条文说明

考虑浇注式沥青混合料拌和温度较高，增加了粗集料高温压碎值指标。

4.6.4 环氧沥青混合料所用的粗集料除应符合现行《公路沥青路面施工技术规范》（JTG F40）的有关规定外，尚应符合表 4.6.4 中的要求。

表 4.6.4 环氧沥青混合料用粗集料技术要求

试验项目	单位	技术要求	试验方法
压碎值	%	≤22	T 0316
洛杉矶磨耗损失	%	≤26	T 0317
磨光值 PSV	—	≥42	T 0321
针片状颗粒含量	%	≤5	T 0312

续表4.6.4

试验项目	单位	技术要求	试验方法
与沥青的黏附性	级	5	T 0616
软石含量	%	≤2.5	T 0320

注：1. 试验方法按照现行《公路工程集料试验规程》（JTG E42）规定的方法执行。
2. 磨光值试验仅针对磨耗层用集料。

4.6.5 细集料应符合现行《公路沥青路面施工技术规范》（JTG F40）中S15、S16规格的有关规定。浇注式沥青混合料的细集料可添加天然砂。

4.6.6 环氧沥青混合料所用的细集料性能应符合表4.6.6中的要求。

表4.6.6 环氧沥青混合料用细集料技术要求

试验项目	单位	技术要求	试验方法
吸水率	%	≤1.5	T 0330
表观密度	g/cm^3	≥2.50	T 0308
坚固性	%	≤5	T 0340
砂当量	%	≥65	T 0334

4.6.7 矿粉应采用石灰岩磨制，用于浇注式沥青混合料时，其0.075mm筛孔通过率应不低于80%。

条文说明

矿粉在浇注式沥青混合料中质量比高于20%，其性能对浇注式沥青混合料性能影响较大，因此规定用于浇注式沥青混合料时矿粉0.075mm筛孔通过率不低于80%。

4.6.8 不得将粉煤灰和沥青混合料拌和机的回收粉作为沥青混合料填料使用。

4.6.9 浇注式沥青混合料表面撒布预拌碎石应采用坚硬、耐磨的岩石轧制而成，石料应洁净、无杂质，拌和后应被沥青充分裹覆，不应有花白料。其性能应符合表4.6.9的要求。

表4.6.9 浇注式沥青混合料表面撒布碎石技术要求

试验项目	单位	技术要求	试验方法
含泥量	%	≤1	T 0333
吸水率	%	≤2.0	T 0352
含水率	%	≤0.3	T 0305
针片状颗粒含量	%	≤8	T 0312

续表 4.6.9

试验项目			单位	技术要求	试验方法
用量			kg/m^2	4～7	—
通过率	5～10 mm 碎石	4.75 mm	%	≤10	T 0327
		9.5 mm	%	≥80	
	10～15 mm 碎石	9.5 mm	%	≤10	
		13.2 mm	%	≥80	

条文说明

浇注式沥青混合料表面撒布一定规格的碎石，可以改善其高温稳定性和界面抗剪能力。碎石的撒布用量与其规格和密度有一定相关性，可以根据实际情况，对其撒布量范围进行调整。

4.6.10 环氧树脂防水黏结层用撒布碎石性能除应符合现行《公路沥青路面施工技术规范》（JTG F40）有关规定外，尚应满足表 4.6.10 的要求。

表 4.6.10　环氧树脂防水黏结层用撒布碎石技术要求

试验项目			单位	技术要求	试验方法
含泥量			%	≤1	T 0333
含水率			%	≤0.3	T 0332
通过率	0.3～0.6mm 碎石	0.3mm	%	≤10	T 0327
		0.6mm	%	≥90	
	1.18～2.36mm 碎石	1.18mm	%	≤10	
		2.36mm	%	≥90	
	2.36～4.75mm 碎石	2.36mm	%	≤10	
		4.75mm	%	≥90	

4.7　其他材料

4.7.1 沥青混合料中掺加的纤维稳定剂宜采用木质素纤维或聚合物纤维。木质素纤维和聚合物纤维应符合现行《沥青路面用木质素纤维》（JT/T 533）和《沥青路面用聚合物纤维》（JT/T 534）的有关规定。

4.7.2 桥面铺装埋设的螺旋排水管应由不锈钢金属材料或其他不易腐蚀且耐高温的材料制成，应具有一定的伸缩性及弹性，外径宜为 10～12mm。

条文说明

运营期间沥青铺装层内部以及与路缘构造物之间存在水分下渗，残留在层间的水可以通过螺旋排水管引入泄水井。综合考虑层间水量有限及安装可行性，建议选用外径为10～12mm的螺旋排水管为宜。

4.7.3 贴缝条性能应符合表4.7.3的要求。

表4.7.3 贴缝条技术要求

试验项目	单位	技术要求	试验方法
软化点	℃	≥90	T 0604
弹性恢复率（25℃）	%	≥10	T 0662
低温柔度（-20℃，30min，R=15mm）	—	无裂纹	GB 18243—2008
厚度	mm	≥4	

4.7.4 铺装结构层与钢桥边缘结合部位的填缝料性能应符合表4.7.4的要求。

表4.7.4 填缝料技术要求

试验项目	单位	技术要求	试验方法
锥入度（25℃）	0.1mm	≤110	JT/T 740—2015
流动值	mm	≤5	
弹性恢复率（25℃）	%	30～70	
低温拉伸（-10℃）	%	≥100	

5 沥青混合料

5.1 改性沥青混合料

5.1.1 改性沥青混合料应按现行《公路沥青路面施工技术规范》(JTG F40)中规定的级配，采用马歇尔试验方法进行配合比设计，其性能应符合表 5.1.1-1、表 5.1.1-2、表 5.1.1-3 的要求。

表 5.1.1-1 改性沥青混合料技术要求

试验项目	单位	技术要求		试验方法
		改性沥青 SMA	改性沥青 AC	
击实次数(双面)	次	75	75	T 0702
试件尺寸	mm	ϕ101.6×63.5	ϕ101.6×63.5	
空隙率	%	3~4	3~5	T 0705
稳定度	kN	≥6.0	≥8.0	T 0709
流值	mm	—	1.5~4	
矿料间隙率	%	≥16.5	—	T 0705
粗集料骨架间隙率 VCA_{mix}	%	≤VCA_{DRC}	—	
沥青饱和度	%	75~85	65~85	
沥青析漏损失	%	≤0.1	—	T 0732
沥青混合料飞散损失	%	≤15	—	T 0733
冻融劈裂强度比	%	≥85		T 0729

注：改性沥青 AC 矿料间隙率 VMA 取值应符合现行《公路沥青路面施工技术规范》(JTG F40)的有关规定。

表 5.1.1-2 改性沥青混合料车辙试验动稳定度技术要求

混合料类型	单位	相应于下列气候分区的技术要求			试验方法
		夏炎热区	夏热区	夏凉区	
改性沥青 SMA	次/mm	≥3 000(70℃)	≥3 000(65℃)	≥3 000(60℃)	T 0719
改性沥青 AC		≥3 000(60℃)			

注：改性沥青 AC 动稳定度的试验温度可根据实桥交通荷载状况进行调整。

表 5.1.1-3　改性沥青混合料低温弯曲试验破坏应变技术要求

试验项目	单位	相应于下列气候分区的技术要求				试验方法
		冬严寒区	冬寒区	冬冷区	冬温区	
极限破坏应变（−10℃，50mm/min）	—	$\geqslant 3.5 \times 10^{-3}$		$\geqslant 3.0 \times 10^{-3}$		T 0715

条文说明

本规范改性沥青混合料的技术指标，主要对动稳定度试验温度提出了更高要求。车辙常规试验温度为60℃，根据我国钢桥面铺装使用气候条件现状（在实测中，多座桥梁桥面铺装极端最高温度达65～68℃），本规范参考现行《公路沥青路面施工技术规范》（JTG F40）气候分区方法，分别针对不同气候区域提出车辙试验动稳定度技术要求。

考虑到桥面铺装变形较大，对改性沥青混合料极限破坏应变也提出了较高要求。

5.1.2　改性沥青 SMA 中的纤维掺量以纤维占混合料质量百分率计算，木质素纤维掺量宜为0.3%～0.4%，聚合物纤维掺量宜为0.2%～0.3%。

5.2　浇注式沥青混合料

5.2.1　浇注式沥青混合料级配范围应符合表5.2.1的要求。

表 5.2.1　浇注式沥青混合料级配范围

级配类型	通过下列筛孔（mm）的质量百分率（%）									
	16	13.2	9.5	4.75	2.36	1.18	0.6	0.3	0.15	0.075
GA10	100	100	80～00	63～80	48～63	38～52	32～46	27～40	24～36	20～30
GA13	100	95～100	80～95	60～80	45～62	38～55	35～50	28～42	25～32	20～27

5.2.2　浇注式沥青混合料配合比设计应按本规范附录 H 进行，其性能应符合表5.2.2-1和表5.2.2-2的要求。试验室拌制时，温度在230～240℃刘埃尔流动性宜控制在5～20s，现场流动性可适当降低要求，以能够满足施工和易性为准。浇注式沥青混合料用于中央分隔带或人行道等时，贯入度和贯入度增量技术要求可酌情降低。

表 5.2.2-1　浇注式沥青混合料贯入度试验技术要求

试验项目	单位	相应于下列气候分区的技术要求			试验方法
		夏炎热区	夏热区	夏凉区	
贯入度	mm	1.0～4.0（60℃）	1.0～4.0（55℃）	1.0～4.0（50℃）	本规范附录 J
贯入度增量	mm	≤0.4（60℃）	≤0.4（55℃）	≤0.4（50℃）	

表 5.2.2-2　浇注式沥青混合料低温弯曲试验破坏应变技术要求

试验项目	单位	相应于下列气候分区的技术要求				试验方法
		冬严寒区	冬寒区	冬冷区	冬温区	
极限破坏应变（－10℃，50mm/min）	—	≥3.0×10^{-3}		≥2.5×10^{-3}		T 0715

条文说明

日本《本州四国联络桥桥面铺装基准》中采用车辙试验动稳定度评价浇注式沥青混合料高温稳定性，规定浇注式沥青混合料在60℃、0.64MPa轮载作用下车辙试验动稳定度应不低于300次/mm；德国相关规范规定不采用车辙试验动稳定度评价浇注式沥青混合料热稳定性，而用贯入度来评价，主要由于车辙动稳定度试验结果与浇注式沥青混合料铺装的车辙病害相关性较差。本规范结合我国气候条件及浇注式沥青混合料应用情况，认为车辙试验动稳定度对浇注式沥青混合料热稳定性缺乏控制性，因此本规范仍采用国际惯用的贯入度和贯入度增量作为高温稳定性控制指标，根据不同气候分区分别提出技术要求。

贯入度试验方法起源于德国，德国主要进行“贯入度及贯入度增量试验”，对贯入度与贯入度增量均提出技术要求，40℃贯入度要求1.0～3.5mm，增量要求不大于0.4mm；而日本只对贯入度提出技术要求，40℃贯入度为1.0～4.0mm，未对贯入度增量提出技术要求。本规范参考日本、德国的技术要求，结合我国浇注式沥青混合料多年实践经验，对浇注式沥青混合料贯入度及贯入度增量均提出技术要求。日本与德国试验温度均为40℃，由于我国特殊的气候和交通条件，本规范对贯入度试验温度有所提高。

流动性指标反映浇注式沥青混合料施工和易性，德国对此不做规定，仅保证能正常完成施工即可。本规范规定了室内目标配合比刘埃尔流动性指标5～20s的指标（参考日本《本州四国联络桥桥面铺装基准》），为防止浇注式沥青混合料离析，规定下限值为5s。浇注式沥青混合料运至现场施工时，流动性满足良好施工和易性即可，一般240℃不大于60s。

5.3　环氧沥青混合料

5.3.1　环氧沥青混合料级配范围宜符合表5.3.1的要求。

表 5.3.1　环氧沥青混合料推荐级配范围

级配类型	通过下列筛孔（mm）的质量百分率（%）								
	13.2	9.5	4.75	2.36	1.18	0.6	0.3	0.15	0.075
EA10	100	95～100	65～85	50～70	39～55	28～40	21～32	14～23	7～14
EA05	100	100	90～100	45～65	25～45	20～40	12～28	7～18	5～10

注：EA10宜用于热拌环氧沥青混合料和温拌环氧沥青混合料，EA05宜用于冷拌环氧沥青混合料。

5.3.2 环氧沥青混合料配合比设计应按本规范附录K进行，其性能应符合表5.3.2的要求。

表5.3.2 环氧沥青混合料技术要求

试验项目		单位	技术要求	试验方法
马歇尔稳定度（60℃）	固化试件	kN	≥40	T 0709
	未固化试件		≥5.0	
马歇尔流值（60℃）	固化试件	mm	1.5～5.0	
	未固化试件		1.5～5.0	
动稳定度（70℃）		次/mm	≥6 000	T 0719
空隙率		%	1～3	T 0705
冻融劈裂强度比		%	≥80	T 0729
极限破坏应变（－10℃，50mm/min）		—	$\geq 3\times10^{-3}$	T 0715

注：1. 仅温拌环氧沥青混合料需进行未固化试件的马歇尔试验。未固化试件的试验方式：马歇尔试件成型后，室温下放置24h，再保温进行试验。

2. 除未固化试件的马歇尔稳定度和流值外，其他试验项目均在养生完成后进行。

3. 环氧沥青混合料养生温度及时间为：热拌环氧沥青混合料养生温度为60℃±1℃，养生时间为4d；温拌环氧沥青混合料养生温度为120℃±1℃，养生时间为4h；冷拌环氧沥青混合料养生温度为60℃±1℃，养生时间为16h。所有环氧沥青混合料养生完毕后在室温下放置1d方可保温进行试验。

6　施工

6.1　一般规定

6.1.1　钢桥面铺装施工应进行施工组织设计，并保证合理的施工工期。

6.1.2　钢桥面铺装施工前应建立质量保证体系和质量管理体系。

6.1.3　施工安全应符合下列规定：

1　施工前应制定安全生产管理制度和突发事件应急预案，建立安全生产管理体系。

2　沥青拌和站和施工现场应按相关规定设置消防设施，防腐层和防水黏结层施工时严禁烟火。

3　施工人员应得到必要的劳动保护，有高空坠落危险的地段应设置防护网，桥面铺装施工期间当其他工序施工存在坠落物危险时，应在该部位设置警示标志，必要时应暂停施工。

6.1.4　施工前应建立健全环保管理体系，制订保护环境、节能减排和文明施工的实施方案，减少工程施工过程中对环境的污染。

6.1.5　钢桥面铺装施工宜避开雨季，严禁在下雨、下雪、结露等不利气候条件下施工。

6.1.6　喷砂除锈、防腐层和防水黏结层施工环境温度应不低于10℃且钢板表面温度应高于空气露点3℃以上，露点应依据相对湿度和环境温度对照本规范附录L确定，空气相对湿度应不高于85%。

6.1.7　施工前应对机械设备、试验仪器等进行全面的检查、调试、校核、标定、维修和保养。主要施工机械的易损零部件应有适量储备。施工过程中应对所用的各种机具、设备定期进行检查，确保其处于完好状态。

6.1.8　钢桥面铺装施工宜全桥封闭，应避免与可能污染铺装界面的其他工序交叉施工。各工序施工时应保持基面清洁干燥，不得有水分或油污残留。已施工完毕的区域应进行保护，严禁油脂和杂物等污染。

6.1.9 每道工序完工后应按规定进行质量检查，合格后才能进入下道施工工序。经检查不合格时应返工。

6.1.10 铺装结构层施工宜避免设置施工缝。当无法避免时，横向施工缝应距横肋或横梁位置1m以上，且磨耗层和保护层的横缝应错开1m以上；纵向接缝应距纵腹板位置30cm以上，且上下层的纵缝应错开30cm以上。

6.2 施工准备

6.2.1 建设单位应组织设计、施工、监理单位进行技术交底。

6.2.2 施工单位应根据设计文件、施工合同、施工条件等确定施工方案，进行施工组织设计。

6.2.3 施工单位应对施工、试验、机械、管理等岗位人员进行必要的技术和安全管理培训。

6.2.4 应按照有关规定建立工地试验室，工地试验室配备的试验人员和试验仪器应满足工程施工的需要，且试验仪器应通过国家法定计量机构的检验标定。

6.2.5 拌和站场地应符合下列规定：

1 应结合工程的规模、工期等情况合理布置拌和站场地，所设置的各种临时设施应满足工程施工的需要及安全施工的要求，开工前应完成现场的“三通一平”工作。

2 拌和站场地应进行混凝土硬化处理，场地硬化应四周低、中心高，场地四周应设置排水沟。

3 集料应按配料要求，不同粒径、不同品种分仓存放，并设置明显标志，不得混堆或交叉堆放，料仓应设置隔料墙，仓内地面应设坡度便于排水。

4 料仓的容量应满足最大单批次连续施工的需要并留有余量。另外，还应满足运输车和装载机等作业要求。

5 包括储料仓在内的所有地材存放场地，应设置防雨措施。

6.2.6 施工设备应符合下列规定：

1 应配备性能良好的间歇式沥青混合料拌和机进行沥青混合料拌和，拌和机宜配备3个以上冷料仓，应配备二级除尘装置和打印装置。

2 沥青混合料运输设备的数量应根据运距及拌和站的拌和能力确定，应保持施工现场与拌和站之间的有效联系和施工的连续性。

3　应配备性能良好的沥青混合料摊铺机，摊铺机数量应根据工作面宽度和摊铺机抗离析性能综合确定，当由于摊铺机螺旋布料器过长造成混合料离析时，应缩短摊铺机摊铺宽度，并增加摊铺机数量。

4　改性沥青混合料碾压施工宜配置水平震荡压路机。

条文说明

振动压路机上下垂直振动，易造成钢桥的共振而降低压实功。相对而言，水平震荡压路机不易造成钢桥共振，压实效果更好。

6.2.7　施工前材料检查应符合下列规定：

1　工程开工前必须检查材料来源和质量。对沥青、集料等主要材料，供货单位必须提交最新的检测报告。对不包含在试验检测机构资质范围内的检测参数，可委托专业单位进行检测，并作为材料质量控制和工程验收的依据之一。

2　各种材料都必须在施工前以“批”为单位进行检查，不符合要求的材料不得进场。材料试样的取样数量与频度应按现行试验规程的规定进行。

3　正式施工前，各种原材料试验结果及据此进行的目标配合比和生产配合比设计结果，应按规定取得认可后方可使用。

4　对防水黏结层材料、沥青等重要试样，应在检验后留样封存2年。封存的防水黏结层材料不应少于5kg，改性沥青不应少于15kg。

条文说明

对各种矿料都是以同一料源、同一次购入并运至生产现场的相同规格材料为一“批”；对防水材料是指从同一来源、同一次购入的同一规格的防水材料为一“批”；对沥青是指从同一来源、同一次储入同一沥青罐的同一规格的沥青为一“批”。

6.3　铺筑试验段

6.3.1　试验段实施应由有关各方共同参加，及时商定有关事项，明确试验结论。

6.3.2　钢桥面铺装各个工序正式施工前应实施试验段，包括钢桥面板的喷砂除锈、防水黏结层涂布、沥青混合料铺筑等工序，实施前应制订试验段实施方案。

6.3.3　沥青混合料试验段可选择在混凝土桥上进行，其他各工序试验段都应在钢桥面板上进行。

6.3.4 喷砂除锈、防腐层、防水黏结层和缓冲层试验段面积均不宜小于 $100m^2$，沥青混合料铺装试验段的长度不宜小于100m。

6.3.5 通过钢桥面板喷砂除锈试验段应达到下列目的：

1 确定喷砂机的机械数量和组合方式。

2 确定钢砂的材料类型、钢丸与棱角砂的混合比例。

3 确定喷砂机的行走速度、单位时间的喷砂量。

6.3.6 通过防腐层试验段和防水黏结层试验段应确定材料的混合比例、施工工艺和用量等。

条文说明

防腐层和防水黏结层试验段可提前定制钢板试件，在施工现场喷砂除锈，成型防腐层和防水黏结层，在试验室进行黏结强度检测。

6.3.7 通过缓冲层试验段应确定缓冲层的施工工艺和材料用量。

6.3.8 通过沥青混合料铺装试验段应达到下列目的：

1 检验各种施工机械的类型、数量及组合方式是否匹配。

2 验证混合料配合比设计，确定生产配合比。

3 通过试拌确定拌和机的上料速度、拌和时间、拌和温度等。

4 通过试铺确定摊铺温度、摊铺速度、摊铺宽度、自动找平方式、松铺系数、接缝方式等。

5 对需碾压的沥青混合料确定压路机的碾压组合、碾压顺序、碾压温度、碾压速度及遍数等碾压工艺。

6 对浇注式沥青混合料还需确定搅拌运输设备的搅拌温度、搅拌时间等。

7 对环氧沥青混合料还需验证在容留时间内是否能完成碾压成型。

8 补充完善施工组织设计。

条文说明

环氧沥青混合料属于反应性材料，超过一定时间就会产生固化反应，形成“死料”，导致压实困难等问题，通常需要保证在容留时间内完成压实过程，在试验段需对此项进行验证。

6.3.9 试验段施工结束后，承包人应就各项试验内容提交完整的试验段总结报告。如果试验段检测结果存在不合格情况，应进行相应调整，重新铺试验段，检测合格后方可施工。

6.4 表面除锈及防腐层施工

6.4.1 对于新建和较大面积翻修的钢桥面铺装工程，其钢桥面板应进行喷砂除锈处理。对小面积维修和无法进行机械喷砂除锈的桥梁，其钢桥面板可采用打磨等其他工艺进行除锈处理。

条文说明

在工厂实施的防腐涂层，在桥梁架设中极易受到破坏，所以对大型桥梁工程，一般要求桥面板进行现场喷砂除锈并重新涂布防腐层。

6.4.2 喷砂除锈前应先用工具打磨平整钢桥面板表面锐边、飞溅、不光滑焊缝等缺陷。

6.4.3 喷砂除锈前应全面调查记录全桥锈蚀、污染状况，被油脂污染的钢板表面除锈前应采用溶剂法或碱洗法去除油污，并按 ISO 8502-9 标准的试纸测试，氯化物含量应不超过 0.014%（约 7μg/cm^2）。在钢桥面板锈蚀较严重的地方，应按 ISO 8502-1 标准以铁氰化钾试纸测试，以无蓝点视为合格。

6.4.4 行车道喷砂除锈应采用全自动无尘喷砂设备，桥面边角部位、吊索区等特殊部位可采用手持压缩空气喷砂设备施工。

6.4.5 喷砂除锈用金属磨料应符合现行《涂覆涂料前钢材表面处理》(GB/T 18838）的有关规定，应采用颗粒形状为丸粒和砂粒的金属磨料配合使用，其比例应视粗糙度要求、钢桥面板表面状况在施工前通过试验段确定。

条文说明

喷砂除锈施工通常使用全自动无尘喷砂设备，使用丸粒金属磨料打砂后钢桥面板表面形状与采用砂粒金属磨料打砂后钢桥面板表面形状是不同的，如图 6-1 所示。即使相同的清洁度和粗糙度情况下，防腐层和黏结层与钢板结合力也不同。因此，工艺上要求两种金属磨料配合使用。

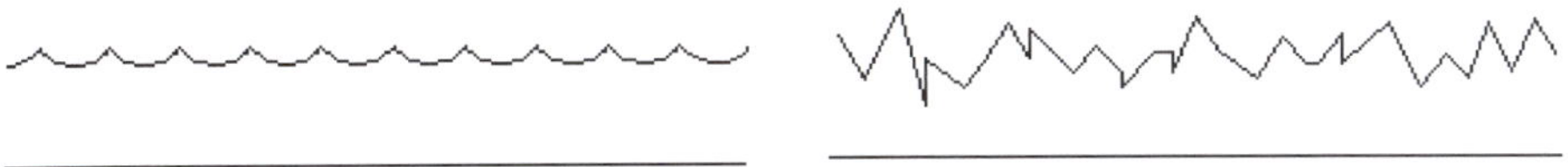

a)仅使用丸粒金属磨料打砂后的表面形状　　b)仅使用砂粒金属磨料打砂后的表面形状

图 6-1 喷砂后的表面形状示意图

6.4.6 喷砂除锈后的钢桥面板，其清洁度应达到 Sa2.5 级，粗糙度应达到 60 ~ 140μm；人工小范围打磨工艺除锈的清洁度应达到 St3.0 级。

6.4.7 应在除锈后 4h 内完成钢桥面板上第一层涂层施工。

条文说明

喷砂除锈后如不及时进行第一层涂层施工，空气中的水分将会接触到钢桥面板，造成钢桥面板轻微锈蚀，导致涂层与钢桥面板黏结效果不佳，因此规定除锈后 4h 内完成钢桥面板上第一层涂层施工。

6.4.8 防腐层施工前应将防腐层材料充分搅拌均匀。

6.4.9 防腐层涂布应均匀，对于漏涂、龟裂、流坠、针眼和气泡等缺陷应及时修补。

6.4.10 防腐层表干前，严禁接触；实干前应采取措施防止受损，且应避免淋雨、浸水及其他介质污染。

6.5 防水黏结层施工

6.5.1 防水黏结层施工应符合下列规定：

1 施工前应对工作面进行清洁处理，清除油污、水分及其他污染物。

2 如设置防腐层，应在防腐层彻底固化并检验合格后，进行防水黏结层施工。如未设置防腐层，应在喷砂除锈后 4h 内完成第一层防水黏结层施工。

3 防水黏结层材料在涂布前应采用动力搅拌器充分搅拌均匀。

4 如采用喷涂方式，喷涂前应对桥梁栏杆和其他易受喷涂飞溅影响的桥梁部位进行防护；喷涂作业时，当风速较大导致出现洒布斑痕，应采取有效的防风遮挡措施，风速大于 10m/s 时不得施工。

5 涂布应均匀，对于漏涂、龟裂、流坠、针眼和气泡等缺陷应及时修补。

条文说明

防水黏结层施工通常采用人工刮涂、辊涂或机械喷涂等方法。

6.5.2 甲基丙烯酸甲酯树脂防水黏结层施工应符合下列规定：

1 应采用动力搅拌器将混合前、混合后的材料充分搅拌均匀。

2 甲基丙烯酸甲酯树脂应采用高压无气喷涂设备进行喷涂作业。

3 甲基丙烯酸甲酯树脂可采用一层或两层施工，干膜总厚度应不小于 2mm。当采用两层施工时，每层湿膜厚度应不小于 1.2mm，应在第一层涂膜实干后立即喷涂第二层。

4　甲基丙烯酸甲酯树脂新旧接头处，新涂层应在旧涂层上至少搭接 50mm。

5　应在甲基丙烯酸甲酯树脂固化后辊涂施工丙烯酸树脂黏结剂。

6　应在丙烯酸树脂黏结剂实干后进行下一道工序施工。

条文说明

不同生产厂家对甲基丙烯酸甲酯树脂有不同的施工工艺要求，在此只列出共性要求，具体施工细节需参照材料产品使用说明。

6.5.3　环氧树脂防水黏结层施工应符合下列规定：

1　环氧树脂混合后应在要求的容留时间内完成涂布，超过容留时间的环氧树脂应废弃。

2　在坡度较大的地段施工时，如发生环氧树脂流淌现象导致胶膜厚度不均，应进行补涂处理。

3　可在环氧树脂黏结剂Ⅰ型未固化前撒布一层碎石，所撒布碎石应符合表 4.6.10 的技术要求。待环氧树脂固化后，应清除未黏结牢固的碎石。

4　施工完毕后，应有足够的养生时间。

5　养生结束后，现场检测指标满足要求方可进行下道工序施工。

条文说明

环氧树脂防水黏结材料施工通常采用人工刮涂、辊涂或机械喷涂等方法。

环氧树脂防水黏结层采用两层施工，能够减少漏涂、少涂所带来的影响，保证整个防水黏结层无缺陷。

环氧树脂防水黏结材料种类多，本规范只提出共性要求，具体施工细节需参考产品使用说明。

6.5.4　环氧沥青防水黏结层施工应符合下列规定：

1　在洒布作业前，应将环氧沥青黏结剂两组分按照产品说明书中的规定进行加热和保温。

2　宜采用具有计量、搅拌、喷涂等功能的专用洒布机进行施工，对不便喷洒的部位可采用人工均匀涂刷。

3　喷洒后 48h 内应完成其上的保护层施工，若因故不能按时施工或黏结层遇雨淋，应在摊铺保护层之前按产品说明书中规定的用量补洒黏结料。

6.5.5　溶剂型沥青黏结剂防水黏结层施工应符合下列规定：

1 宜采用辊涂或喷涂法施工。

2 用于浇注式沥青混合料与钢桥面板之间的黏结层时，应涂布 2 层，每层用量宜为 100 ~ 200g/m^2。第一层宜沿顺桥方向涂布，实干后方可涂布第二层，第二层涂布方向应与第一层垂直。

3 用于缓冲层底涂层时，可只涂布一层。

4 应在溶剂型沥青黏结剂完全干燥后施工保护层。

条文说明

溶剂型沥青黏结剂因溶剂挥发易形成针孔，所以沿垂直第一层涂布方向再涂布第二遍；作为缓冲层底涂层时，主要起黏结作用，一般涂布一遍即可。

溶剂型沥青黏结剂中含有挥发性溶剂，需在溶剂型沥青黏结剂完全干燥后施工保护层，避免沥青混合料出现鼓包。

6.6 改性沥青砂胶缓冲层施工

6.6.1 矿粉含水率不应大于 1%。

6.6.2 宜采用具有加热拌和功能的设备进行拌和，拌和温度宜为 200 ~ 230℃，拌和时间不宜低于 1h，拌和均匀后应无结团现象。

6.6.3 应采用人工刮铺法或机械摊铺法施工，施工厚度宜为 3 ~ 5mm，施工温度宜为 200 ~ 230℃。

6.6.4 施工完毕后对于气泡和脱空现象应及时修补。

6.7 黏层施工

6.7.1 改性乳化沥青黏层施工应符合下列规定：

1 宜采用洒布车喷洒，洒布速度和喷洒量应保持稳定。

2 乳化沥青破乳、水分完全蒸发后应及时铺筑沥青混合料，避免黏层被污染。

6.7.2 环氧树脂黏结剂Ⅱ型黏层施工应按照本规范第 6.5.3 条执行。

6.7.3 环氧沥青黏层施工应按照本规范第 6.5.4 条执行。

6.7.4 改性沥青黏层施工应符合下列规定：

1 应采用沥青洒布车施工，保证喷洒的均匀性。喷洒时如有漏喷，应及时进行人工补洒。

2　改性沥青喷洒温度不宜低于170℃。

6.8　改性沥青混合料施工

6.8.1　改性沥青SMA、改性沥青AC施工应符合现行《公路沥青路面施工技术规范》(JTG F40)的有关规定。当压实度达不到设计标准时，可采取提高施工温度5～10℃或掺加降低改性沥青高温黏度的改性剂等措施。

6.8.2　改性沥青SMA、改性沥青AC使用钢轮压路机碾压时，宜采用质量10t以上的水平震荡压路机。改性沥青SMA用于磨耗层时，不宜使用轮胎压路机碾压；用于保护层时，可采用轮胎压路机碾压；用于边角部位碾压时，宜采用质量约2t的小型压路机。

6.9　浇注式沥青混合料施工

6.9.1　浇注式沥青混合料拌和应符合下列规定：

1　宜采用具有矿粉加热干燥功能的拌和设备，矿粉加热温度宜为80～120℃。矿粉加热的情况下，集料加热温度宜为260～280℃；矿粉不加热的情况下，集料加热温度宜为290～320℃。

2　干拌时间宜为10～20s，加入沥青结合料后拌和时间宜为60～90s，拌和后出料温度宜为220～240℃。

条文说明

浇注式沥青混合料的石料加热温度以达到拌和后的出料温度控制要求为准进行调整，而出料温度以混合料经专用运输车搅拌后最终达到现场施工和易性要求为准进行调整。为防止沥青老化，在满足各项指标要求的前提下，建议采用较低的施工温度。

6.9.2　浇注式沥青混合料运输应符合下列规定：

1　应采用具有加热、拌和功能的专用运输设备。

2　搅拌运输设备应预热至130～140℃，待混合料装入后应连续搅拌升温。搅拌运输设备的限制温度宜设定为220～240℃，最高不应超过250℃。

3　在搅拌运输设备中应至少搅拌45min后方可进行摊铺。

4　装入运输设备后宜在4h内完成运输、摊铺施工，如无法在规定时间内完成摊铺施工时，应适当降低混合料温度，且储存时间不应超过6h。超过规定时间的混合料应予以废弃。

5　搅拌运输设备的数量应根据运距及拌和站的拌和能力确定，应保持施工现场与拌和站之间的有效联系和施工的连续性。

6.9.3 浇注式沥青混合料摊铺应符合下列规定：

1 应采用专用摊铺机械摊铺；在摊铺机无法摊铺到的边带、中央分隔带及人行道位置宜采用人工摊铺。

2 摊铺前宜采用不低于摊铺厚度的钢板或木板设置侧向模板。

3 运输车宜在摊铺机行走方向的前方将混合料卸在桥面板上。摊铺机的布料器左右移动使熨平板前充满混合料，并前行摊铺混合料至规定厚度。

4 接缝应进行预热处理或使用预制贴缝条。

5 摊铺速度宜为1.5～3m/min，并按照拌和站的拌和能力调整，摊铺过程中不应停机待料。

6 混合料应满足摊铺和易性要求，240℃刘埃尔流动性不宜大于60s。

7 摊铺中出现气泡或鼓包等缺陷时，应立即用钢针由气泡顶部插入放气。

6.9.4 碎石撒布应符合下列规定：

1 碎石宜采用基质沥青预拌裹覆，沥青用量宜为0.2%～0.5%。

2 宜采用自行式撒布机撒布。

3 碎石撒布量应根据现场试验确定，覆盖率宜控制在50%～90%。

4 碎石撒布后，应及时嵌入浇注式沥青混合料中。

6.10 热拌和温拌环氧沥青混合料施工

6.10.1 热拌和温拌环氧沥青混合料拌和应符合下列规定：

1 热拌环氧沥青混合料拌和前应将环氧树脂主剂和固化剂分别加热至50～60℃，沥青应加热至150～165℃。温拌环氧沥青混合料拌和前应将环氧树脂主剂加热至82～92℃，固化剂和沥青的混合物加热至125～135℃。

2 热拌和温拌环氧沥青混合料拌和时，应符合表6.10.1的规定。

表6.10.1 热拌和温拌环氧沥青混合料拌和条件

混合料类型	干拌时间（s）	湿拌时间（s）	出料温度（℃）
热拌环氧沥青混合料	5～20	35～50	170～185
温拌环氧沥青混合料	3～10		110～140

3 热拌和温拌环氧沥青混合料的出料温度超出容许温度范围时，应予以废弃。

6.10.2 热拌和温拌环氧沥青混合料运输应符合下列规定：

1 运输车辆应采取防积水、漏水措施。

2 运料车车厢内宜涂薄层植物油，避免环氧沥青混合料黏附车厢内。

3 出料时均应登记运料单，记录该车各盘料的出料温度及该车第一盘料及最后一盘料的装料时刻。

4　混合料运输中应采取覆盖保温措施，并在卸料前检测混合料温度。

6.10.3　热拌和温拌环氧沥青混合料摊铺应符合下列规定：

1　摊铺过程中应随时检查摊铺层厚度及路拱、横坡，根据使用的混合料总量与面积校验平均厚度。

2　摊铺机应缓慢、匀速、连续不间断地摊铺。

3　摊铺速度不宜超过3m/min，同时应根据供料能力及混合料容留时间适当调整。

4　摊铺过程中应及时清除螺旋布料器与熨平板之间已结团的混合料。

5　摊铺后的环氧沥青混合料应表面均匀，无离析、波浪、裂缝、拖痕、鱼尾纹等现象。

6.10.4　热拌和温拌环氧沥青混合料碾压应符合下列规定：

1　碾压应紧跟摊铺机进行，碾压过程分为初压、复压、终压三个阶段，压路机组合方案可参照表6.10.4-1执行，具体碾压遍数与压路机组合应通过试验段确定，在施工时可根据现场情况适当调整。

表6.10.4-1　压路机组合参考方案

铺装结构层位	初　　压	复　　压	终　　压
保护层	轮胎压路机	双钢轮压路机	轮胎压路机
磨耗层	双钢轮压路机	轮胎压路机	双钢轮压路机

2　碾压温度应符合表6.10.4-2的规定。

表6.10.4-2　碾压温度（℃）

混合料类型	初压温度	复压温度	终压温度
热拌环氧沥青混合料	≥155	≥110	≥90
温拌环氧沥青混合料	≥82	—	≥65

3　碾压应分段控制，压路机隔离剂应采用植物油，严禁采用水、柴油、废机油。

4　碾压时压路机驱动轮面向摊铺机，由低到高，依次连续均匀碾压，相邻碾压带重叠1/3轮宽。

5　碾压过程中严禁压路机突然转向或掉头。压路机起动、停止必须减速缓行，严禁紧急制动。

6　施工应避免设置接缝，如因特殊原因需设置接缝时，应采用45°~60°的斜接缝。切缝前应预先画线，且不得带水切割。切割时机应通过试切确定，保证切缝平顺，切面平整。

7　碾压完毕后应及时检查表面是否有鼓包、已结团的混合料或推挤裂缝等情况，对存在的问题应及时处理。

8　热拌环氧沥青混合料从拌和出料到复压结束时间宜控制在2h以内，超过3h应废弃；温拌环氧沥青混合料从拌和出料到复压结束时间应参照产品说明书，超过规定时间应废弃。

条文说明

与钢轮压路机相比，轮胎压路机的优点在于可通过轮胎揉搓作用取得更好的压实效果，且充气轮胎可以保证粗集料不易被压碎，确保了桥面铺装的碾压质量。表6.10.4-1中压路机组合参考方案依据实际工程经验得出。

6.10.5 温拌环氧沥青混合料养生期不宜低于25～45d，热拌环氧沥青混合料养生期不宜低于5～10d，具体时间应根据环境温度与现场马歇尔试验结果确定。养生期间严禁车辆通行。

条文说明

摊铺、碾压完成后，环氧沥青混合料强度还不足以开放交通，因此需要封闭交通进行养生，随着养生时间的增加，其强度不断增长，直至达到强度要求。

试验表明，环氧沥青混合料强度的增长速度与材料特性及养生气温有关，气温越高环氧沥青混合料固化反应越快，所需养生时间越短。通常确定养生时间的方法是：对摊铺当天的环氧沥青混合料取样，成型多组马歇尔试件，放置在桥面铺装层上，隔一定时间测试其马歇尔稳定度，若马歇尔稳定度达到设计要求即可开放交通。

6.10.6 在养生期内应检查是否有鼓包。发现鼓包时应立即用钢针由包顶插入放气，用环氧胶填满，并用手持夯锤将鼓包击平。

6.11 冷拌环氧沥青混合料施工

6.11.1 冷拌环氧沥青混合料拌和应符合下列规定：

1 集料的含水率不应大于1%。

2 拌和机宜设置在施工现场附近。

3 冷拌环氧沥青结合料各组分应按比例混合并用动力搅拌机搅拌均匀，搅拌时间不应少于120s。集料和矿粉宜先在拌缸内干拌5～10s，再加入结合料拌和，湿拌时间不宜少于70s。

条文说明

冷拌环氧沥青混合料在常温下拌和，集料的水分不易蒸发，因此对集料含水率提出了要求。

6.11.2 冷拌环氧沥青混合料运输和摊铺应符合下列规定：

1　应根据现场冷拌环氧沥青混合料拌和时间、运输时间和摊铺时间确定合理的运料车装料数量，摊铺过程中不宜等料，每车料应在规定的时间内摊铺完毕。

2　混合料的运输和摊铺时间应根据冷拌环氧沥青混合料容留时间确定。

3　宜全幅施工，摊铺速度宜为 2～5m/min。

6.11.3　冷拌环氧沥青混合料碾压应符合下列规定：

1　初压宜采用钢轮压路机静压 1～2 遍，复压宜采用轮胎压路机碾压 3～5 遍。

2　碾压应分段控制，压路机隔离剂应采用植物油，严禁采用水、柴油、废机油。

6.11.4　冷拌环氧沥青混合料养生期不宜少于 3～5d，具体时间应根据环境温度与现场马歇尔试验结果确定。养生期间严禁车辆通行。

7 施工质量管理

7.1.1 施工前应明确质量方针、质量目标和质量责任，实行严格的目标管理、工序管理与岗位责任制度。

7.1.2 质量控制和质量保证应贯穿整个施工过程，应对每个施工环节严格控制把关，出现问题时应及时纠正，严重时应停工整顿。

7.1.3 施工的原始记录、试验检测及计算数据、汇总表格、影像资料等应如实保存。对于返工的项目，返工前后的所有原始数据应如实记录，不得丢弃。

条文说明

施工原始记录是对施工过程最基本而原始的真实写照，如施工的具体部位、尺寸、进度、时间、气象，施工的机具、工艺，设备的安装、调试，原材料规格、质量、数量等，大部分属于隐蔽而不可再现的内容，是质量保证资料的主要组成部分。

7.1.4 防腐层、防水黏结层、缓冲层、黏层及沥青混合料生产过程中，应按表7.1.4-1、表7.1.4-2、表7.1.4-3及表7.1.4-4规定的检查项目与频度，对各种原材料、混合料进行抽样试验，其质量应符合本规范规定的技术要求。每个检查项目的平行试验次数或一次试验的试验数量应按相关规定执行。

表7.1.4-1 喷砂除锈、防腐层和防水黏结层施工质量控制要求

<table>
<tr><th colspan="2">类型及组成</th><th colspan="2">检查项目</th><th>检查频度</th><th>质量要求</th><th>试验方法</th></tr>
<tr><td colspan="2" rowspan="2">喷砂除锈</td><td colspan="2">清洁度</td><td rowspan="2">9点/1 000m^2</td><td>Sa2.5级</td><td>GB/T 8923.1—2011</td></tr>
<tr><td colspan="2">粗糙度</td><td>60~140μm</td><td>GB/T 13288.5—2009</td></tr>
<tr><td rowspan="4">防腐层</td><td rowspan="2">丙烯酸防腐漆</td><td colspan="2">用量</td><td>3点/1 000m^2</td><td>0.10~0.20kg/m^2</td><td>T 0982</td></tr>
<tr><td colspan="2">与钢板黏结强度</td><td>3点/1 000m^2</td><td>≥5.0MPa</td><td>本规范附录B</td></tr>
<tr><td rowspan="2">环氧富锌漆</td><td colspan="2">厚度</td><td>3点/1 000m^2</td><td>50~140μm</td><td>GB/T 13452.2—2008</td></tr>
<tr><td colspan="2">与钢板黏结强度</td><td>3点/1 000m^2</td><td>≥7.0MPa</td><td>本规范附录B</td></tr>
<tr><td rowspan="3">防水黏结层</td><td rowspan="3">环氧树脂黏结剂</td><td rowspan="3">Ⅰ型</td><td>拉伸强度</td><td rowspan="2">1次/d</td><td>≥10.0MPa</td><td rowspan="2">GB/T 16777—2008</td></tr>
<tr><td>断裂伸长率</td><td>≥10%</td></tr>
<tr><td>与钢板黏结强度</td><td>3点/1 000m^2</td><td>≥5.0MPa</td><td>本规范附录B</td></tr>
</table>

续表 7.1.4-1

类型及组成		检查项目	检查频度	质量要求	试验方法
防水黏结层	环氧树脂黏结剂	Ⅱ型 拉伸强度	1 次/d	≥3.0MPa	GB/T 16777—2008
		Ⅱ型 断裂伸长率		≥100%	
		与钢板黏结强度	3 点/1 000m²	≥3.0MPa	本规范附录 B
		用量	3 点/1 000m²	符合本规范规定	T 0982
		均匀性	随时	无漏涂	目视
	甲基丙烯酸甲酯树脂	拉伸强度	1 次/d	≥12.0MPa	GB/T 16777—2008
		断裂伸长率		≥130%	
		与钢板黏结强度	3 点/1 000m²	≥5.0MPa	本规范附录 B
		用量		共 2.50～3.50kg/m²	T 0982
		均匀性	随时	无漏涂	目视
	丙烯酸树脂黏结剂	与保护层黏结强度	3 点/1 000m²	≥1.0MPa	本规范附录 B
		用量		0.15～0.20kg/m²	T 0982
		均匀性	随时	无漏涂	目视
	溶剂型沥青黏结剂	与钢板黏结强度	3 点/1 000m²	≥2.0MPa	本规范附录 B
		与保护层黏结强度		≥1.0MPa	
		用量		0.20～0.40kg/m²	T 0982
		均匀性	随时	无漏涂	目视
	环氧沥青黏结剂	拉伸强度	1 次/d	≥6.0MPa	GB/T 16777—2008
		断裂伸长率		≥190%	
		与钢板黏结强度	3 点/1 000m²	≥3.0MPa	本规范附录 B
		用量		0.65～0.71kg/m²	T 0982
		均匀性	随时	无漏涂	目视

注：1. 施工面积不足 1 000m² 时，按 1 000m² 计。
2. "随时"是指需要经常检查的项目，其检查频度可根据具体情况确定。

表 7.1.4-2 缓冲层和黏层施工质量控制要求

类型及组成		检查项目	检查频度	质量要求	试验方法
缓冲层	改性沥青砂胶	软化点、热稳流淌性、低温柔性、黏结强度	1 次/d	符合本规范规定	符合本规范表 4.3.1-1 和表 4.3.1-2 的规定
		厚度	3 点/1 000m²		钢尺插入检查
黏层	改性乳化沥青	蒸发残留物含量	1 次/洒布段	≥55%	T 0651
		蒸发残留物针入度		40～100（0.1mm）	T 0604
		用量	3 点/1 000m²	0.30～0.50kg/m²	T 0982
		均匀性	随时	无漏洒	目视
	环氧沥青黏结剂	拉伸强度	1 次/d	≥6.0MPa	GB/T 16777—2008
		断裂伸长率		≥190%	

续表 7.1.4-2

类型及组成		检 查 项 目	检 查 频 度	质 量 要 求	试 验 方 法
黏层	环氧沥青黏结剂	用量	3 点/1 000m^2	0.42～0.48kg/m^2	T 0982
		均匀性	随时	无漏涂	目视
	环氧树脂黏结剂Ⅱ型	拉伸强度	1 次/d	≥3.0MPa	GB/T 16777—2008
		断裂伸长率		≥100%	
		用量	3 点/1 000m^2	0.50～0.60kg/m^2	T 0982
		均匀性	随时	无漏涂	目视
	改性沥青	针入度	1 次/d	30～60（0.1mm）	T 0604
		延度		≥25cm	T 0605
		软化点		≥85℃	T 0606
		弹性恢复率		≥80%	T 0662

注：1. 试验方法按照本规范和现行《公路工程沥青及沥青混合料试验规程》（JTG E20）规定的方法执行。

2. 施工面积不足 1 000m^{2}时，按 1 000m^{2}计。

表 7.1.4-3 沥青、集料及沥青混合料施工质量控制要求

类型及组成		检 查 项 目	检查频度	质 量 要 求		试 验 方 法
改性沥青SMA 或改性沥青 AC	沥青	针入度、延度、软化点、弹性恢复率	1 次/d	符合本规范规定		T 0604、T 0605、T 0606、T 0662
	集料	颗粒组成（筛分）、含水率	1 次/d	符合本规范和现行《公路沥青路面施工技术规范》（JTG F40）规定		T 0327
	沥青混合料	混合料级配	1～2 次/d			T 0725
		沥青用量				T 0722、T 0721
		混合料出厂温度	逐车检测	符合本规范规定		T 0981
		空隙率、马歇尔稳定度、流值	1～2 次/d			T 0702、T 0709
		车辙动稳定度	必要时			T 0709
		极限破坏应变	必要时			T 0715
浇注式沥青混合料	沥青	针入度、延度、软化点、弹性恢复率	1 次/d	符合本规范规定		T 0604、T 0605、T 0606、T 0662
	集料	颗粒组成（筛分）、含水率	1 次/d	符合本规范和现行《公路沥青路面施工技术规范》（JTG F40）规定		T 0327
	沥青混合料	混合料级配	1～2 次/d	≥4.75mm	±4%	T 0725
				≤2.36mm	±3%	
				0.075mm	±2%	
		沥青用量		±0.3%		T 0722、T 0721
		混合料出厂温度	逐车检测	符合本规范规定		T 0981
		刘埃尔流动性	随时			本规范附录 G
		贯入度、贯入度增量	2～3 次/d			本规范附录 J
		极限破坏应变	必要时			T 0715

续表 7.1.4-3

类型及组成		检查项目	检查频度	质量要求		试验方法
环氧沥青混合料	环氧沥青	拉伸强度、断裂伸长率	1次/d	符合本规范规定		GB/T 16777—2008
	集料	颗粒组成（筛分）、含水率	1次/d	符合本规范和现行《公路沥青路面施工技术规范》（JTG F40）规定		T 0327
	沥青混合料	混合料级配	1～2次/d	≥4.75mm	±4%	T 0725
				≤2.36mm	±3%	
				0.075mm	±2%	
		沥青用量		±0.3%		T 0722、T 0721
		混合料出厂温度	逐车检测	符合本规范规定		T 0981
		空隙率、马歇尔稳定度、流值	2～3次/d			T 0702、T 0709
		极限破坏应变	必要时			T 0715

注：1. 试验方法按照本规范和现行《公路工程沥青及沥青混合料试验规程》（JTG E20）规定的方法执行。
2. 对于环氧沥青混合料，“混合料出厂温度”应逐车检测评定；沥青混合料运至施工现场应逐车检测温度。
3. “必要时”是指施工各方任何一个部门对其质量产生怀疑，提出需要检查时，或是根据需要商定的检查频度。

表 7.1.4-4 铺装结构层施工质量控制要求

检查项目		检查频度	质量要求或允许偏差	试验方法
压实度		—	符合设计要求	按碾压吨位与遍数检查
外观		随时	表面平整密实，不得有明显的轮迹、裂缝、油包等缺陷，且无明显离析	目测
接缝		随时	平整、顺直、无跳车	目测
		逐条缝检测	≤3mm	T 0931
施工温度	摊铺温度	逐车检测	符合本规范规定	T 0981
	碾压温度	随时	符合本规范规定	插入式温度计实测
厚度	磨耗层	随时	±3mm	施工时采用插入法量取混合料松铺厚度或每日用混合料数量及实铺面积计算平均厚度
	总厚度	随时	－3～＋5mm	
平整度（最大间隙）	磨耗层	随时	≤3mm	T 0931
	保护层	随时	≤5mm	
平整度（标准差）	磨耗层	连续测定	≤1.2mm	T 0932
	保护层	连续测定	≤1.5mm	
路表渗水系数，不大于		1点/200m，每点3处取平均值	≤80mL/min（改性沥青SMA或改性沥青AC），环氧沥青混合料要求基本无渗水	T 0971

续表 7.1.4-4

检查项目	检查频度	质量要求或允许偏差	试验方法
横坡度	每个断面	±0.3%	T 0911
构造深度	5 点/200m	符合设计要求	T 0961/ T 0962/T 0963
摩擦系数	5 点/200m	≥45 BPN	T 0964/T 0965

注：1. 试验方法按照本规范和现行《公路路基路面现场测试规程》（JTG E60）规定的方法执行。
2. 浇注式沥青混合料不进行压实度评定。

条文说明

由于在钢桥面铺装上进行破坏性检查容易导致桥面铺装出现早期病害，因此建议尽量避免采用钻芯取样等方法，推荐在试验段上测定压实度，根据在试验段上建立的碾压吨位与碾压遍数的关系进行控制。即使需要钻芯时，也建议避开行车轮迹带、钢板焊缝部位（特别是节段焊接部位）、腹板及横隔板顶面部位等。桥面铺装的破坏性钻芯检测建议减少到最低程度，并充分利用钻取的芯样：①可以用于进一步校正无核密度仪；②可以用于进行铺装结构层与钢桥面板的黏结强度检测。

沥青混合料压实度质量要求以相关技术规范为准，如改性沥青 SMA，可采用不小于试验室标准密度的 98% 或理论最大密度的 94% 为标准。

附录 A 正交异性钢桥面板刚度验算方法

A.0.1 本方法适用于验算正交异性钢桥面板的刚度，为钢桥面铺装设计提供依据。

A.0.2 桥面铺装顶面最不利荷载位置处的最小曲率半径 R（m）、纵向加劲肋间相对挠度 Δ（mm）两项指标宜通过有限元方法计算或按式（A.0.2-1）、式（A.0.2-2）计算。

$$P=\frac{K_R b^2}{32\Delta_0\times 10^3} \tag{A.0.2-1}$$

$$\Delta=K_\Delta \Delta_0 \tag{A.0.2-2}$$

式中：K_R——布载差异曲率半径修正系数，验算纵腹板位置时，取 $K_R=1$；非纵腹板位置按式（A.0.2-3）计算；

$$K_R=\left[1-\frac{1}{3}\left(\frac{b-d}{b}\right)^3\right]\frac{b}{d} \tag{A.0.2-3}$$

b——纵向加劲肋板间距（当加劲肋为 U 形时，加劲肋与顶板的任意一个联结位置视为独立的加劲肋板位置），mm；

Δ_0——两端固结梁在均布荷载作用下跨中产生的挠度理论值，mm，按式（A.0.2-4）计算；

$$\Delta_0=\frac{k_t K_\mu}{384}\frac{12pb^4}{\sum\limits_{i=1,2,3}E_i h_i^3} \tag{A.0.2-4}$$

p——验算荷载的接地压力值，标准验算荷载取 0.81MPa；

E_i——钢顶板或铺装材料的弹性模量，$i=1$、$i=2$、$i=3$ 依次对应钢桥面顶板、保护层、磨耗层的弹性模量，MPa；

h_i——钢顶板或铺装结构层的厚度，$i=1$、$i=2$、$i=3$ 依次对应钢桥面顶板、保护层、磨耗层的厚度，mm；

k_t——理论计算的荷载折减系数，验算部位紧邻纵腹板时，取 $k_t=0.7$，其他部位取 0.5；

K_μ——动载系数，取 1.3；

K_Δ——布载差异挠度修正系数，验算纵腹板位置时，取 $K_\Delta=1$；非纵腹板位置按式（A.0.2-5）计算；

$$K_\Delta=\left(1.390+1.235\,\frac{2b-3d}{3b}\right)\frac{d}{b} \tag{A.0.2-5}$$

d——验算荷载单轮横向接地宽度，取200mm。

条文说明

正交异性钢桥面板刚度验算采用了最小曲率半径 R、纵向加劲肋间相对挠度 Δ 两项指标，如图 A-1 所示。

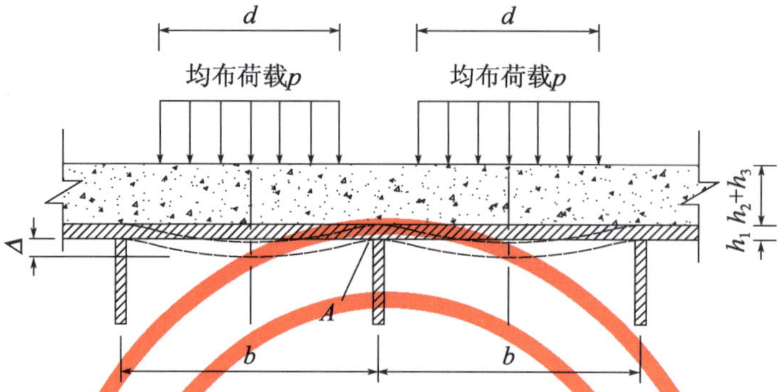

图 A-1　两项指标与正交异性钢桥面板铺装结构之间的关系

由于双向受力正交异性桥面板结构的解析解无法直接推导出，本规范将双向受力板简化成单向受力板，选择两端固结梁作为力学模型计算。首先推导出满跨均布荷载两端固结梁的跨中挠度和端部曲率半径公式。引入动载系数 K_{μ}、荷载折减系数 k_{t}（考虑正交异性板与两端固结梁受力的差异）后形成了式（A.0.2-4）。

验算部位分为非纵腹板位置和纵腹板位置两种。

对于非纵腹板位置，双轮荷载以纵向加劲肋为中心对称布置为最不利荷位，由于实际的纵肋板间距通常为300～350mm，实际的轮载分布宽度约为200mm，考虑到荷载满布加载理论推导公式与验算荷载分布之间的差异，通过有限元分析和公式拟合，引入了布载差异曲率半径修正系数 K_R、布载差异挠度修正系数 K_{Δ}，形成式（A.0.2-3）和式（A.0.2-5）。

对于纵腹板位置，双轮荷载在纵腹板同一侧时为最不利荷载布置，由于纵向加劲肋与纵腹板间距较小，可忽略两轮之间的轮隙并将荷载视为满布，刚度验算时 K_R、K_{Δ} 均取1。

附录 B 黏结强度试验方法

B.1 目的与适用范围

B.1.1 本方法适用于试验室条件下检验防水黏结层与钢板之间的黏结强度，如图 B.1.1-a）所示；也适用于试验室条件下检验沥青混合料与下部结构之间的黏结强度，如图 B.1.1-b）所示。

图 B.1.1 黏结强度试验方法示意图

B.2 试验仪具

B.2.1 万能材料试验机：荷载由传感器测定，最大荷载应满足不超过其量程的 80% 且不小于量程的 20% 的要求，宜采用 5kN 或 10kN，分辨率 0.01kN。应具有环境保温箱，控温准确至 ±0.1℃，加载速率可以选择。试验机宜有伺服系统，在加载过程中速率保持不变。

B.2.2 金属拉头：采用不锈钢或黄铜制作，直径 50mm。

B.2.3 钢板：厚度为 5～12mm。

B.3 试验步骤

B.3.1 钢板喷砂除锈后清洁度和粗糙度应符合设计要求。

B.3.2 按照设计要求在喷砂处理后的钢板上成型防腐层（如有）、防水黏结层、缓冲层（如有），并按照本规范或厂家产品说明书要求进行养护。

B.3.3 如需在钢板上成型沥青混合料时，应按照下列顺序进行：

1 对浇注式沥青混合料，将按规定温度烘干的各种规格矿料投入搅拌锅并加入沥青搅拌。拌和后将混合料直接浇注在养护后的钢板试件上。

2 对环氧沥青混合料，按照本规范或厂家产品说明书要求拌和，在规定的时间内，按照现行《公路工程沥青及沥青混合料试验规程》（JTG E20）中T 0703的规定，将混合料成型于养护后的钢板试件上，按规定对成型后的试件进行养生。

3 对改性沥青混合料，按照现行《公路工程沥青及沥青混合料试验规程》（JTG E20）中的方法，将混合料成型于养护后的钢板试件上。

4 浇注式沥青混合料和改性沥青混合料成型完毕、环氧沥青混合料养护完毕后，室温放置至少24h方可切割。

B.3.4 试样的制备应符合下列规定：

1 对图B.1.1-a）所示情形，将拉头底部涂布一层环氧树脂，并黏附在待测试件防水黏结层表面，待环氧树脂完全固化后，用刀具沿拉头边缘小心切割防水层（黏结层）至钢板表面，进行下一步试验。

2 对图B.1.1-b）所示情形，对黏附好拉头的试件钻芯至钢板，芯样表面和拉头底部涂布环氧树脂，将拉头黏附于芯样上，待环氧树脂完全固化后，进行下一步试验。

B.3.5 将黏附好拉头的试件放入温度预先设置好的恒温箱中保温，保温时间不应低于5h。通常采用的试验温度为0℃、10℃、25℃、45℃和60℃，应在报告中注明试验温度。

B.3.6 将保温后的试件装入试验机。安装试件时，应使试件纵轴与上、下拉头中心连线相重合。

B.3.7 黏结强度试验的拉伸速率采用10mm/min。

B.3.8 应匀速加载直至破坏，读取荷载峰值（F），准确至0.01kN，同时观察断裂面情况，记录破坏位置。

B.3.9 从恒温箱中取出试件至测出最大荷载值的时间，不得超过60s。

B.4 计算

B.4.1 按式（B.4.1）计算黏结强度P。

$$P=\frac{F}{S} \tag{B.4.1}$$

式中：P——试件的黏结强度，MPa；

F——试件破坏时的最大荷载，N；

S——拉头底面面积，mm^2。

B.5 试验报告

B.5.1 同一批试件室内平行试验不得少于5个，现场试验不得少于4个。当同一批试件中某个测定值与平均值之差大于标准差的 k 倍时，该测定值应予以舍弃，并以其余测定值的平均值作为试验结果。试件数目为4、5、6个时，k 值分别为1.46、1.67、1.82。

B.5.2 试验后应仔细观察破坏界面的结构层位及其所处的位置，详细记录并在报告中注明，应符合下列规定：

1 测试防水黏结层与钢板之间的黏结强度时，破坏面可能出现在防水黏结层与钢板间、防水黏结层内部、拉拔头与防水黏结层之间；测试沥青混合料与下部结构之间的黏结强度时，破坏面可能出现在防水黏结层与钢板间、防水黏结层内部、防水黏结层与沥青混合料铺装结构层之间、沥青混合料铺装结构层内部等部位。

2 当出现拉拔头与沥青混合料铺装结构层之间脱层，或破坏情况全部为沥青混合料内部断裂时视为黏结强度大于测试值。

3 若破坏面出现在沥青混合料铺装结构层与防水黏结层之间，或防水黏结层与钢板之间，应描述黏结层被拉脱的面积占整个黏结层试验面积的百分比。

附录 C　剪切强度试验方法

C.1　目的与适用范围

C.1.1　本方法适用于试验室条件下采用压剪方法检验沥青混合料与钢板之间的剪切强度，以评价钢桥面铺装组合结构的抗剪切能力。

C.2　试验仪具

C.2.1　万能材料试验机：荷载由传感器测定，最大荷载应满足不超过其量程的 80% 且不小于量程的 20% 的要求，荷载分辨率 0.01kN。应具有环境保温箱，控温准确至 ±0.5℃，加载速率可以选择。试验机宜有伺服系统，在加载过程中速率保持不变。

C.2.2　钢板：长宽均为 90 ~ 100mm，厚度为 5 ~ 12mm。

C.2.3　试验模具装置应符合下列规定：

1　压剪试验装置如图 C.2.3 所示。

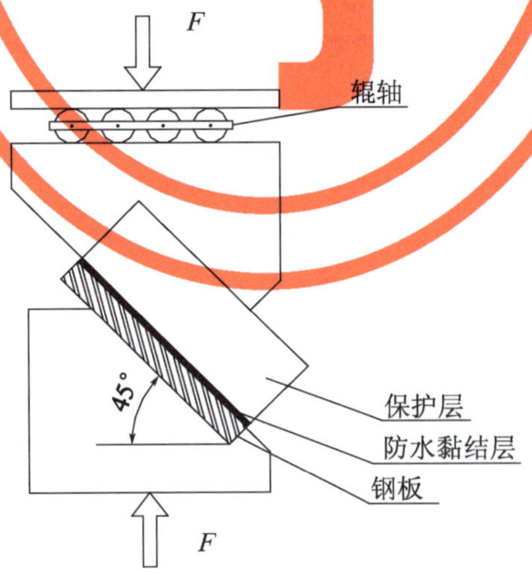

图 C.2.3　剪切强度试验方法示意图

2　试件着力面与加载方向成 45°，模具与压头接触面间应设置辊轴。

C.3 试验步骤

C.3.1 钢板喷砂除锈后清洁度和粗糙度应符合设计要求。

C.3.2 按照规定的施工方法及用量在喷砂处理后的钢板上依次成型防腐层（如有）、防水黏结层、缓冲层（如有），并按照本规范或厂家产品说明书要求进行养护。

C.3.3 在养护后的钢板上成型混合料：

1 混合料测试时厚度宜为 40mm ± 10mm。

2 对浇注式沥青混合料，将按规定温度烘干的各种规格矿料投入搅拌锅并加入沥青搅拌。拌和后将混合料直接浇注在上一步养护后的钢板试件上。

3 对环氧沥青混合料，按照本规范或厂家产品说明书要求拌和，在规定的时间内，按照现行《公路工程沥青及沥青混合料试验规程》（JTG E20）中 T 0703 的规定，将混合料成型于养护后的钢板试件上，按规定对成型后的试件进行养生。

4 对改性沥青混合料，按照现行《公路工程沥青及沥青混合料试验规程》（JTG E20）中的方法，将混合料成型于养护后的钢板试件上。

5 浇注式沥青混合料和改性沥青混合料成型完毕、环氧沥青混合料养护完毕后，室温放置 24h 方可切割。

6 按底部钢板大小，切割成长宽均为 90 ~ 100mm 的试件。

C.3.4 将切割完毕的试件放入温度预先设置好的恒温箱中保温，保温时间不应少于 5h。通常采用的试验温度为 25℃、45℃和 60℃，应在报告中注明试验温度。

C.3.5 加载速率应采用 10mm/min。

C.3.6 将保温后的试件置于模具中，匀速加载直至破坏。读取荷载峰值（F），准确至 0.01kN。记录破坏时的荷载及破坏位置，观察界面情况。

C.3.7 从恒温箱中取出试件至测出最大荷载值的时间，不得超过 120s。

C.3.8 每个试件试验完毕后，及时测量钢板的长宽，准确至 0.1mm。

C.4 计算

C.4.1 按式（C.4.1）计算剪切强度 τ。

$$\tau = \frac{F}{S} \times \sin\alpha \tag{C.4.1}$$

式中：τ——试件的剪切强度，MPa；

F——试件破坏时的最大荷载，N；

S——试件受剪面积，mm^2；

α——试件受剪角度，取45°。

C.5 试验报告

C.5.1 同一批试件室内平行试验不得少于5个，现场试验不得少于4个，当同一批试件中某个测定值与平均值之差大于标准差的k倍时，该测定值应予以舍弃，并以其余测定值的平均值作为试验结果。试件数目为4、5、6个时，k值分别为1.46、1.67、1.82。

C.5.2 试验后应仔细观察破坏界面的结构层位及其所处的位置，详细记录并在报告中注明，应符合下列规定：

1 破坏面可能出现在防水黏结层与钢板之间、防水黏结层内部、混合料铺装结构层与防水黏结层之间、混合料铺装结构层内部等部位。

2 破坏情况全部为混合料内部断裂时视为剪切强度大于测试值。

3 若破坏面出现在沥青混合料铺装结构层与防水黏结层之间，或防水黏结层与钢板之间，应描述黏结层被破坏的面积占整个黏结层试验面积的百分比。

附录 D　五点加载复合梁疲劳试验方法

D. 1　目的与适用范围

D. 1. 1　本方法适用于试验室条件下，通过重复荷载弯曲试验评价铺装结构层材料在桥面铺装结构中的配伍性、组合结构在重复荷载作用下协同钢板的变形能力及防水黏结层与沥青铺装结构层间的结合性能。

D. 2　试验仪具

D. 2. 1　钢板：尺寸如图 D. 2. 1 所示，由 Q345D 钢板组成。

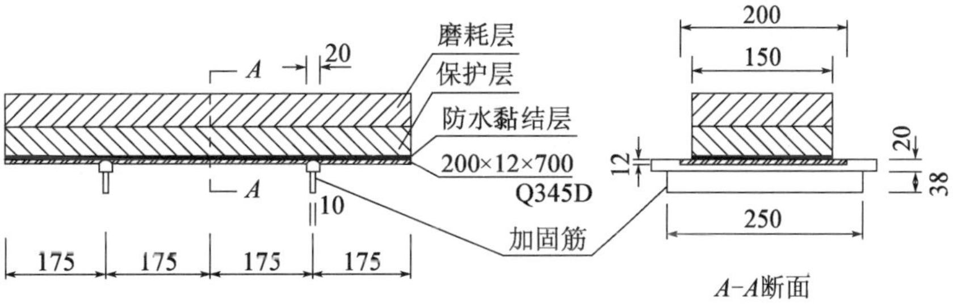

图 D. 2. 1　钢桥面铺装组合结构五点加载复合梁疲劳试验装置（尺寸单位：mm）

D. 2. 2　四脚施力架、辊轴支座（3 个）、底座：1 套。

D. 2. 3　千分表：4 ~6 只。

D. 2. 4　加载装置：气动或液压加载装置、能够为疲劳试验系统提供循环动力荷载，可根据试验要求输出不同频率、不同振幅的正弦加载波形，荷载分辨率 0. 01kN。

D. 2. 5　轮碾成型机：具有与钢筒式压路机相似的圆弧形碾压轮，轮宽 300mm，压实线荷载为 300N/cm，承压行程等于试件长度，经碾压后的板块试件可达到马歇尔试验标准击实密度的 100% ±1% 。

D.3 试验步骤

D.3.1 试件成型应符合下列规定：

1 钢板喷砂除锈后清洁度和粗糙度需符合设计要求。

2 按照规定的施工方法及用量在喷砂处理后的钢板上依次成型防腐层（如有）、防水黏结层、缓冲层（如有），并按照本规范或厂家产品说明书要求进行养护。

3 对浇注式沥青混合料，将按规定温度烘干的各种规格矿料投入搅拌锅并加入沥青搅拌。拌和后将混合料直接浇注在上一步养护后的钢板试件上。

4 对环氧沥青混合料，按照本规范或厂家产品说明书要求拌和，在规定的时间内，按照现行《公路工程沥青及沥青混合料试验规程》（JTG E20）中 T 0703 的规定，将混合料成型于养护后的钢板试件上，按规定对成型后的试件进行养生。

5 对改性沥青混合料，按照现行《公路工程沥青及沥青混合料试验规程》（JTG E20）中的方法，将混合料成型于养护后的钢板试件上。

6 浇注式沥青混合料和改性沥青混合料成型完毕、环氧沥青混合料养护完毕后，室温放置至少 24h 方可进行试验。

D.3.2 加载方式应符合下列规定：

1 加载波形为正弦波，正弦波以不变的加载幅度在 F_C（基本荷载）和 F_0（最大荷载）之间变动。在未铺设任何层位的试验钢板上加载，采用千分表测得加固筋挠度为 0.5mm 时的最大荷载，即为 F_0，基本荷载 $F_C = 0.15F_0$。

2 加载频率：10Hz ±0.1Hz。

3 试验温度：20℃ ±2℃。

D.3.3 试验步骤应符合下列规定：

1 将试件放入温度预先设置好的恒温环境中保温，保温时间不应少于 12h。

2 将试件支承于直径为 50mm 的 3 个钢制辊轴支座上，支承间距为 300mm，如图 D.3.3所示。

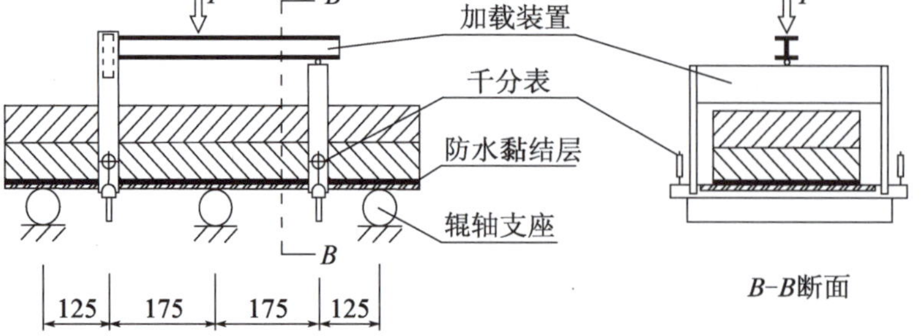

图 D.3.3 钢桥面铺装组合结构五点加载复合梁疲劳试验示意图（尺寸单位：mm）

3　加载力通过四脚施力架直接导向钢板的4个加载点。

4　试验前试件应采用荷载 F_G 进行3次预压，每次加载至 F_G 后保持10s，两次加载间隔20s，保证加载点与试件有效接触。

5　动力加载前，预加荷载 F_G，用千分表测量4个加载点的挠度，观测4个加载点的位移均衡状况，加载后任意两点挠度相差不大于0.15mm时方可进行试验。如挠度相差大于0.15mm，可用薄铁片垫在辊轴支座下方进行调整。

6　均衡状况满足要求后，设定频率和荷载，启动疲劳试验。

7　记录防水黏结层、黏层和铺装结构层出现破坏（开裂、脱层）的情况及相对应的加载次数。

8　当混合料出现开裂，或混合料与防水黏结层间脱层总长度达到混合料周长(1 700mm)的50%时，疲劳试验停止。

D.4　试验报告

D.4.1　平行试验不得少于2个，当同一批试件中某个测定值与平均值之差大于平均值的10%时，该测定值应予以舍弃，取平均值作为试验结果，最终有效测定值不得少于2个。

D.4.2　在报告上详细记录脱层、裂缝出现的位置与尺寸，防水黏结层和铺装结构层出现破坏（开裂、脱层）时对应的加载次数。

条文说明

本试验方法参照了德国《土木工程技术交付条件和技术试验规范》（TL/TP-ING）中第7部分第4章“用于钢桥铺装防水层试验的技术试验规范”（TP-BEL-ST）。

本试验破坏方式通常为混合料与防水黏结层间脱层破坏，混合料与防水黏结层间脱层总长度计算方法如图D-1所示，图中试件共出现 a、b、c、d 四处脱层破坏，四处破坏长度相加达到混合料周长（1 700mm）的50%时，疲劳试验结束。

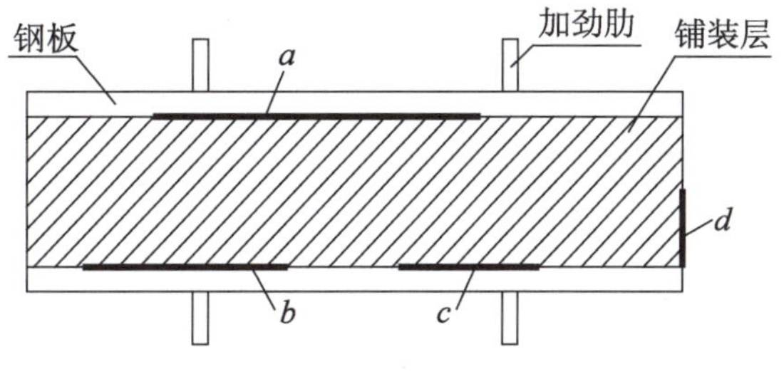

图 D-1　钢桥面铺装组合结构五点加载复合梁疲劳试验破坏终止条件示意图

附录 E 三点加载复合梁疲劳试验方法

E.1 目的与适用范围

E.1.1 本方法适用于试验室条件下，通过重复荷载弯曲试验评价铺装结构层材料在桥面铺装结构中的配伍性、组合结构在重复荷载作用下协同钢板的变形能力及桥面铺装结构层的抗裂性。

E.2 试验仪具

E.2.1 钢板：尺寸如图 E.2.1 所示，由 Q345D 钢制成。

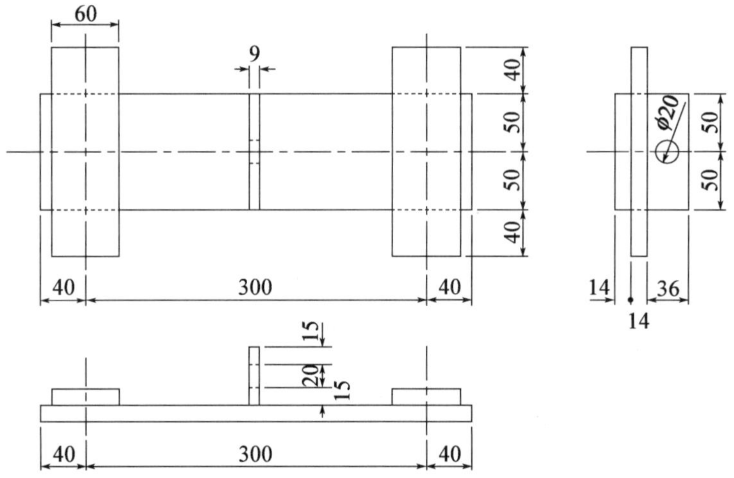

图 E.2.1 钢桥面铺装组合结构三点加载复合梁疲劳试验装置（尺寸单位：mm）

E.2.2 辊轴支座（4 个）、底座：1 套。

E.2.3 加载装置：气动或液压加载装置、能够为疲劳试验系统提供循环动力荷载，可根据试验要求输出不同频率、不同振幅的正弦加载波形，荷载分辨率 0.01kN。

E.2.4 轮碾成型机：具有与钢筒式压路机相似的圆弧形碾压轮，轮宽 300mm，压实线荷载为 300N/cm，承压行程等于试件长度，经碾压后的板块试件可达到马歇尔试验标准击实密度的 100% ±1%。

E.3 试验步骤

E.3.1 试件成型应符合下列规定：

1 钢板喷砂除锈后清洁度和粗糙度需符合设计要求。

2 按照规定的施工方法及用量在喷砂处理后的钢板上依次成型防腐层（如有）、防水黏结层、缓冲层（如有），并按照本规范或厂家产品说明书要求进行养护。

3 对浇注式沥青混合料，将按规定温度烘干的各种规格矿料投入搅拌锅并加入沥青搅拌。拌和后将混合料直接浇注在上一步养护后的钢板试件上。

4 对环氧沥青混合料，按照本规范或厂家产品说明书要求拌和，在规定的时间内，按照现行《公路工程沥青及沥青混合料试验规程》（JTG E20）中 T 0703 的规定，将混合料成型于养护后的钢板试件上，按规定对成型后的试件进行养生。

5 对改性沥青混合料，按照现行《公路工程沥青及沥青混合料试验规程》（JTG E20）中的方法，将混合料成型于养护后的钢板试件上。

6 浇注式沥青混合料和改性沥青混合料成型完毕、环氧沥青混合料养护完毕后，室温放置至少 24h 方可进行试验。

E.3.2 加载方式应符合下列规定：

1 加载波形为正弦波，正弦波以不变的加载幅度在 F_G（基本荷载）和 F_0（最大荷载）之间变动。最大荷载 F_0取 5kN，基本荷载 F_G取 0.5kN。

2 加载频率：10Hz ±0.1Hz。

3 试验温度：20℃ ±2℃。

E.3.3 试验步骤应符合下列规定：

1 将试件支承于直径为 50mm 的 4 个钢制辊轴支座上，支承间距为 300mm，如图 E.3.3所示。

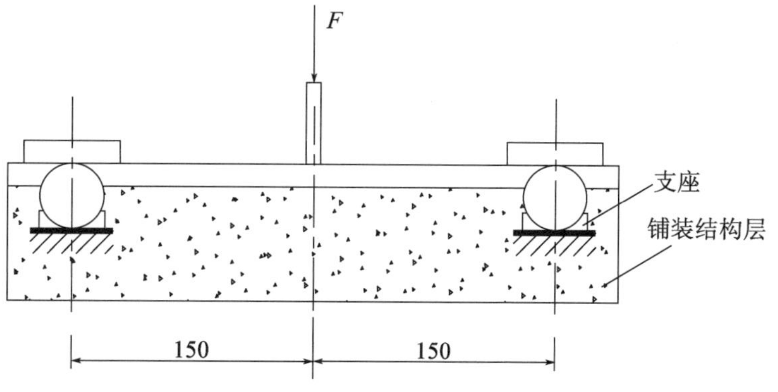

图 E.3.3 钢桥面铺装组合结构三点加载复合梁疲劳试验加载示意图（尺寸单位：mm）

2　试验前进行预压，预压应力大小为 0.5kN，预压 3 次，每次加载 0.5kN 后保持 10s，两次加载间隔 20s，保证加载点与试件有效接触，如试件与支座接触不良，可用薄铁片垫在辊轴支座下方进行调整。

3　设定好加载频率与加载力，开始试验。

4　当铺装结构层表面开始出现开裂，或铺装材料开始出现分层，或结合面上出现滑移，或挠度出现明显突变时，试验停止。

5　记录防水黏结层和铺装结构层出现破坏（开裂、脱层）的位置及相对应的加载次数，分析总结试验结果。

E.4　试验报告

E.4.1　平行试验不得少于 2 个，当同一批试件中某个测定值与平均值之差大于平均值的 10% 时，该测定值应予以舍弃，取平均值作为试验结果，最终有效测定值不得少于 2 个。

E.4.2　在试件上标记脱层、裂缝出现的位置与尺寸，防水黏结层和铺装结构层出现破坏（开裂、脱层）时对应的加载次数。

附录 F　钢桥面铺装边缘接缝与排水结构示意图

F.0.1　在设置了泄水井的路缘，桥面铺装与路缘接触的部位应预留接缝，同时在接缝底部铺设螺旋排水管，在经过泄水井时，螺旋排水管沿泄水井缠绕一周后引入其中，螺旋排水管顶部可用碎石、泡沫等疏水材料填充至保护层表面以上，再采用填缝料填缝至比磨耗层表面略低的位置，填缝厚度应大于 20mm，如图 F.0.1-1、图 F.0.1-2 所示。

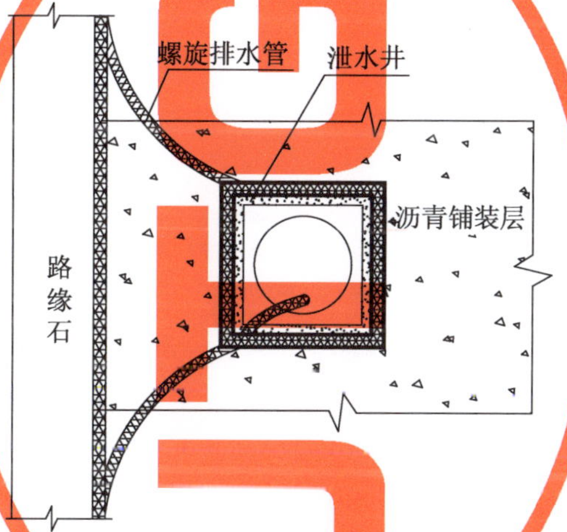

图 F.0.1-1　桥面铺装边部接缝构造

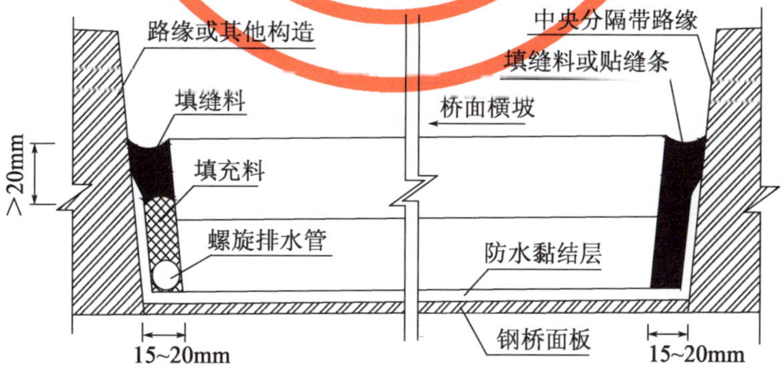

图 F.0.1-2　边缘排水处理细节

F.0.2　桥面铺装与未设置泄水井的路缘或其他构造物接触的部位应在铺装前预先粘

贴贴缝条（图 F. 0. 1-2），依靠混合料的温度将其融化，或在摊铺时预留接缝，填充填缝料。

条文说明

桥面构造物主要指路缘石、雨水井、防撞栏底座等。构造物与沥青铺装结构层之间接缝处理质量是否良好直接影响铺装结构层的使用寿命。工程实践表明，需要碾压的桥面铺装边缘部位的压实度一般很难保证，特别是行车道边缘设置了雨水井的情况，导致铺装结构层边缘部位容易渗水。

一般情况下，采用填缝料和贴缝条进行接缝处理，采用螺旋排水管排除可能存在的层间水，具体可根据实际情况调整。

附录 G　浇注式沥青混合料刘埃尔流动性试验方法

G. 1　目的与适用范围

G. 1. 1　本方法适用于测定浇注式沥青混合料的刘埃尔流动性，以判定其施工和易性。可用于施工现场和试验室条件下，浇注式沥青混合料的配合比设计及质量控制。

G. 2　试验仪具

G. 2. 1　刘埃尔流动性试验料桶：用于装浇注式沥青混合料，尺寸如图 G. 2. 1a）所示。

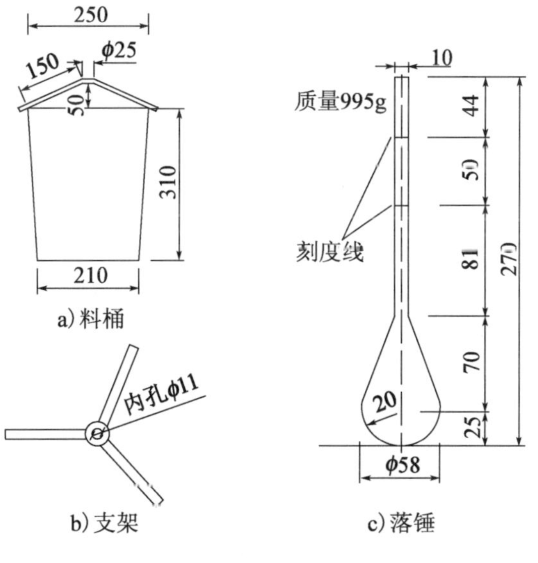

图 G. 2. 1　刘埃尔流动性试验设备（尺寸单位：mm）

G. 2. 2　支架：用于固定落锤，尺寸如图 G. 2. 1b）所示。

G. 2. 3　落锤：铜制，质量为 995g ± 1g，其形状和尺寸如图 G. 2. 1c）所示。

G. 2. 4　温度计：量程 0 ~ 300℃，分度值 1℃，用于测量混合料的温度。

G.2.5 秒表：分度值0.1s，用于记录落锤下落时间。

G.3 试验步骤

G.3.1 将按规定温度（240℃ ±2℃）烘干后的各种规格矿料投入搅拌锅并加入沥青后搅拌约6min，放入加热后的矿粉，再搅拌40～50min，拌和温度控制在220～250℃。

G.3.2 试验过程应符合下列规定：

1 将落锤加热至与待测浇注式沥青混合料温度相差不大于5℃。

2 将拌和好的试样沿桶的边沿注入桶内，达到试样的目标温度后（试样注入后，试样顶面距桶底距离应控制在18～26cm范围内）。将支架立于桶的边沿，预热的落锤通过支架的导孔垂直置于试样表面的正中央。

3 放下落锤，记录落锤上两个刻度线通过导孔的时间间隔，即为该混合料的刘埃尔流动性，同时记录试样此时的温度。

4 测出230～240℃范围内的刘埃尔流动性，精确到0.1s。

5 施工时刘埃尔流动性的测试对象为现场取样的混合料，应记录混合料的温度和该温度下的刘埃尔流动性。

G.4 试验报告

G.4.1 当试验温度超过230～240℃范围，所测试结果无效，应重新拌制混合料进行测试。仅在要求的试验温度范围内，测试得到的刘埃尔流动性为有效值。

G.4.2 在试验报告中注明沥青混合料的类型、试验温度及测定的刘埃尔流动性。

条文说明

本方法参照日本道路协会2007年版《铺装调查·试验法便览》3-1-C002编写。

附录 H　浇注式沥青混合料配合比设计方法

H.1　一般规定

H.1.1　本方法适用于浇注式沥青混合料目标配合比设计。现场生产配合比设计也可按照本方法进行，但在此基础上应通过试拌和试铺阶段，才能最终完成配合比设计。

H.1.2　浇注式沥青混合料配合比设计要求和试验方法应符合本规范表 5.2.1、表 5.2.2-1和表 5.2.2-2 的规定。混合料拌和应模拟实际生产情况采用小型沥青混合料拌和机进行，配合比设计流程如图 H.1.2 所示。

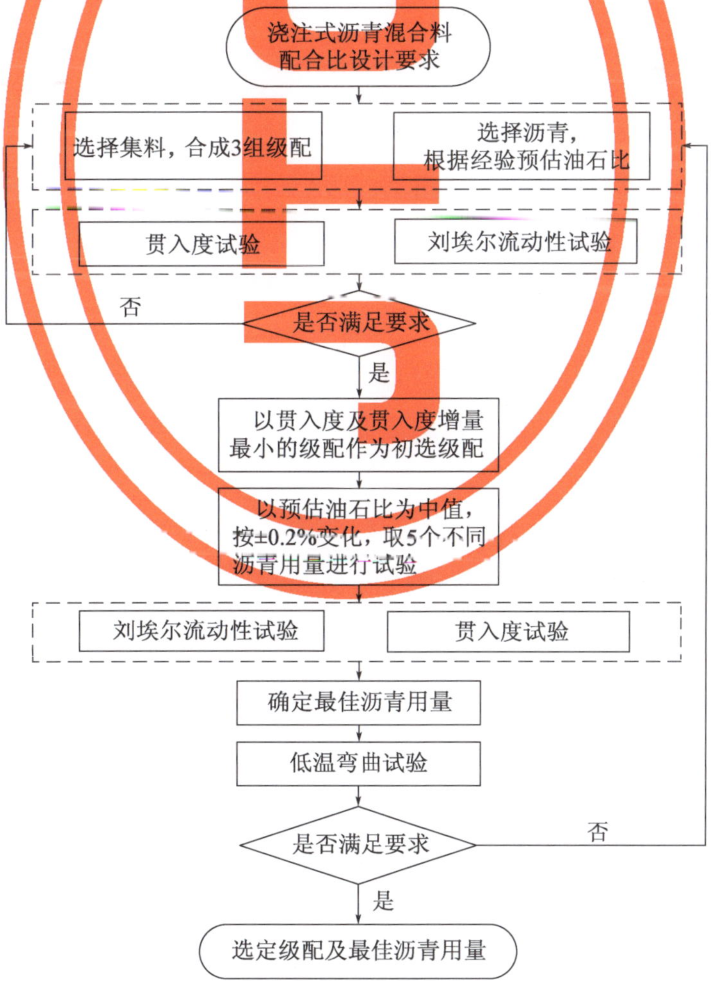

图 H.1.2　浇注式沥青混合料配合比设计流程

H.1.3 浇注式沥青混合料配合比设计采用刘埃尔流动性、贯入度及贯入度增量作为控制指标，并通过低温弯曲试验检验其抗裂能力。

H.2 材料要求

H.2.1 浇注式沥青混合料用原材料应满足本规范的要求。

H.3 矿料级配设计

H.3.1 利用各种矿料的筛分级配计算浇注式沥青混合料的配合比例。

H.3.2 合成的级配曲线应接近连续，不得有过多的犬牙交错。经过调整，仍有两个以上的筛孔超过级配范围时，应对原材料进行调整或更换原材料重新进行设计。

H.3.3 在表5.2.1要求的级配范围内，调整各种矿料比例设计3组不同粗细的初试级配。

H.3.4 依据以往工程经验预估油石比，并采用预估油石比拌和，测试刘埃尔流动性、贯入度及贯入度增量，以贯入度及贯入度增量最小的级配作为初选级配；当3组级配均不能满足要求时，需从H.3.1条重新调整级配。

H.4 沥青设计用量确定

H.4.1 采用初选级配，以预估油石比为中值，按±0.2%变化，取5个不同的油石比计算配合比，用小型机械拌和浇注式沥青混合料，按规定的试验方法测定刘埃尔流动性、贯入度及贯入度增量。

H.4.2 列出各种油石比下浇注式沥青混合料对应的刘埃尔流动性、贯入度及贯入度增量，对照本规范第5.2.2条中的技术要求，确定满足刘埃尔流动性、贯入度及贯入度增量要求的油石比。

H.5 配合比设计检验

H.5.1 低温弯曲性能检验：利用确定的油石比和集料配合比拌和浇注式沥青混合料，制作弯曲试件并按本规范及现行《公路工程沥青及沥青混合料试验规程》（JTG E20）中相关方法进行低温弯曲试验。当极限破坏应变不符合表5.2.2-2的要求时，应重新进行级配和油石比设计。

H.6 配合比设计报告

H.6.1 确定目标配合比后，应及时出具配合比设计报告。

H.6.2 配合比设计报告应包括级配范围选择说明、材料品种选择与原材料质量试验结果、矿料级配、最佳油石比及配合比设计检验结果等。试验报告的矿料级配曲线应按现行《公路沥青路面施工技术规范》（JTG F40）中规定的方法绘制。

H.6.3 报告中宜同时列出其他油石比条件下的各项试验结果。在满足技术指标的前提下宜采用较小油石比，以提高高温抗车辙性能。

条文说明

德国浇注式沥青混合料配合比设计方法较简单，主要用贯入度及贯入度增量评价混合料性能，考虑到德国气温较低，油石比普遍较高，因此未完全引用德国的方法。目前日本形成的浇注式沥青混合料设计方法主要是通过测试混合料刘埃尔流动性、热稳定性等各个方面的使用性能，最后进行综合评价，选出最佳性能下的配合比。本规范借鉴德国、日本等国家提出的浇注式沥青混合料配合比设计方法，同时结合浇注式沥青混合料特性制定本设计方法。

附录 J　浇注式沥青混合料贯入度试验方法

J.1　目的与适用范围

J.1.1　本方法适用于在试验室条件下测定浇注式沥青混合料贯入度及贯入度增量，以判定浇注式沥青混合料高温稳定性。

J.2　试验仪具

J.2.1　试模：(70.7mm ±1mm) × (70.7mm ±1mm) × (70.7mm ±1mm) 的钢制试模数个。

J.2.2　贯入度试验仪器，如图 J.2.2 所示。

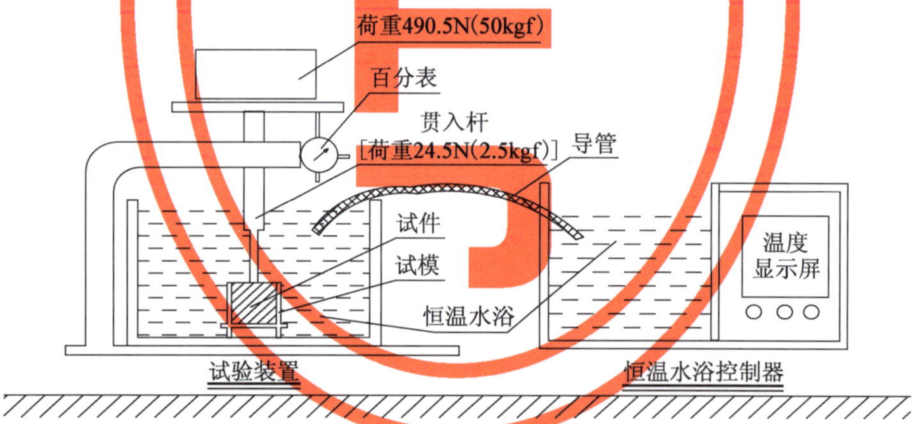

图 J.2.2　贯入度试验仪器

1　加载砝码及贯入杆：总荷载为 515.0N ±9.81N (52.5kgf ±1kgf)。
2　贯入杆：钢制，直径为 25.2mm，底面平整光滑。
3　百分表：用于测量贯入量。
4　恒温水浴控制器件：提供温度恒定的水浴。

J.2.3　温度计：量程 0 ~ 100℃ 的温度计 1 支，分度值 1℃。

J.3 方法和步骤

J.3.1 试件制作应符合下列规定：

1 按规定的温度及时间拌和浇注式沥青混合料。

2 将拌和好的混合料均匀地注入试模，注入后在试模四周人工插捣以保证试件密实，严禁插捣试模中间。插捣后如有多余的混合料将其刮除，使试模内混合料顶部的中间部分稍凸出，并轻轻敲打表面，确保冷却后表面平整。整个过程中不得抖动试模。

3 进行测试前，试件在常温条件放置时间不应少于48h，最长放置时间不得超过一周。

J.3.2 试验步骤过程应符合下列规定：

1 将按规定方法养生的试件脱模，试样的侧面作为测试面并重新装入试模中。

2 将试模和试件一起放入预先设定温度的水浴中保温60min，试验温度可设置为50℃、55℃、60℃。

3 将贯入杆垂直下伸到试件表面的中央，并使其与试件表面接触。

4 放下贯入杆的同时按动秒表开始计时，初加荷载为24.5N（2.5kgf）（贯入杆和承重平台的重量），读取10min时百分表的读数，精确到0.01mm。

5 固定贯入杆，将该荷载下10min时的百分表读数调整为零，在没有冲击力的情况下，将490.5N（50kgf）的荷重砝码放在承重台上，记录1min、2min、3min、5min、10min、20min、30min和60min时百分表的读数，精确到0.01mm。

6 30min时的读数为该试件的贯入度，60min时的读数与30min时的读数之差为贯入度增量。

J.4 试验报告

J.4.1 同一批试件室内平行试验不得少于5个，现场取样试验不得少于3个。当同一批试件中某个测定值与平均值之差大于标准差的 k 倍时，该测定值应予以舍弃，并以其余测定值的平均值作为试验结果。试件数目为3、4、5、6个时，k 值分别为1.15、1.46、1.67、1.82。

J.4.2 应在报告中注明混合料的类型、试验温度及1min、2min、3min、5min、10min、20min、30min和60min时的读数，计算并列出贯入度及贯入度增量。

条文说明

本方法参照日本道路协会2007年版《铺装调查·试验法便览》3-1-C001编写。

附录 K　环氧沥青混合料配合比设计方法

K.1　一般规定

K.1.1　本方法适用于环氧沥青混合料目标配合比设计。现场生产配合比设计也可按照本方法进行，但在此基础上应通过试拌和试铺阶段，才能最终完成配合比设计。

K.1.2　环氧沥青混合料配合比设计要求和试验方法应符合本规范表 5.3.1 和表 5.3.2 的规定。混合料拌和应模拟实际生产情况进行，配合比设计流程如图 K.1.2 所示。

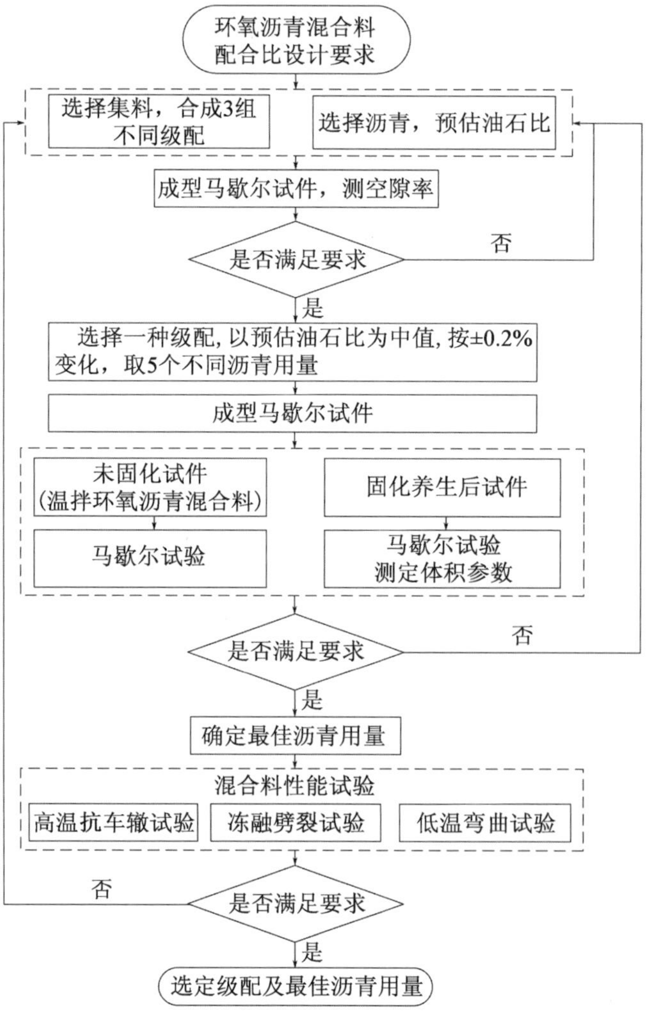

图 K.1.2　环氧沥青混合料配合比设计流程

K.1.3 环氧沥青混合料配合比设计采用动稳定度、劈裂强度比和极限破坏应变作为控制指标。

K.2 材料要求

K.2.1 环氧沥青混合料用集料应满足本规范要求。

K.3 矿料级配设计

K.3.1 在级配范围内设计3组不同配合比，分别位于级配范围内的上方、中值及下方。

K.3.2 合成的级配曲线不得有太多的锯齿形交错，且0.3～0.6mm范围内不出现"驼峰"。当反复调整仍不能达到要求时，应对原材料进行调整或更换原材料重新进行设计。

K.3.3 根据经验选择适宜的油石比，分别制作马歇尔试件，测定空隙率，初选一组满足或接近设计要求的级配作为设计级配。

K.4 沥青设计用量确定

K.4.1 以预估的油石比为中值，按0.2%间隔变化，取5个不同的油石比在规定的温度下拌和环氧沥青混合料，采用双面各击实50次的方法成型马歇尔试件。对温拌环氧沥青混合料，同一油石比下成型的试件分为两组，一组为固化试件，另一组为未固化试件。

K.4.2 将试件连同试模一起，置于已达到恒温的烘箱中进行固化养生；养生温度及养生时间应符合本规范第5.3.2条中的规定。

K.4.3 测定环氧沥青混合料马歇尔试件的体积参数。

K.4.4 进行马歇尔试验，测定马歇尔稳定度和流值。温拌环氧沥青混合料需同时测定固化试件和未固化试件。

K.4.5 对照本规范表5.3.2，确定满足环氧沥青混合料技术要求的油石比范围，确定混合料的最佳油石比。

K.5 混合料性能检验

K.5.1 利用确定的矿料级配和最佳油石比制作试件，进行高温抗车辙试验、冻融劈裂试验、低温弯曲试验，当试验结果不符合要求时，应重新对矿料级配或油石比进行设计。

K.6 配合比设计报告

K.6.1 确定目标配合比后，应及时出具配合比设计报告。

K.6.2 配合比设计报告应包括级配范围选择说明、材料品种选择与原材料质量试验结果、矿料级配、最佳油石比及各项体积指标、配合比设计检验结果等。试验报告的矿料级配曲线应按现行《公路沥青路面施工技术规范》（JTG F40）中规定的方法绘制。

附录 L 露点温度查对表

表 L 露点温度查对表

环境温度（℃）	相对湿度							
	20%	30%	40%	50%	60%	70%	80%	90%
5	—	—	—	—	—	—	1.8	3.5
6	—	—	—	—	—	—	2.8	4.5
7	—	—	—	—	—	1.9	3.8	5.5
8	—	—	—	—	—	2.9	4.8	6.5
9	—	—	—	—	1.6	3.8	5.7	7.4
10	—	—	—	—	2.6	4.8	6.7	8.4
11	—	—	—	—	3.5	5.7	7.7	9.4
12	—	—	—	1.9	4.5	6.7	8.7	10.4
13	—	—	—	2.8	5.4	7.7	9.6	11.4
14	—	—	—	3.7	6.4	8.6	10.6	12.4
15	—	—	1.5	4.7	7.3	9.6	11.6	13.4
16	—	—	2.4	5.6	8.2	10.5	12.6	14.4
17	—	—	3.3	6.5	9.2	11.5	13.5	15.3
18	—	—	4.2	7.4	10.1	12.4	14.5	16.3
19	—	1.0	5.1	8.4	11.1	13.4	16.4	18.3
20	—	1.9	6.0	9.3	12.0	14.4	16.4	18.3
21	—	2.8	6.9	10.2	12.9	15.3	17.4	19.3
22	—	3.6	7.8	11.0	13.9	16.3	18.4	20.3
23	—	4.6	8.7	12.0	14.8	17.2	19.4	21.3
24	—	5.4	9.6	12.9	15.8	18.2	20.3	22.3
25	0.5	6.2	10.5	13.9	16.7	19.2	21.3	23.2
26	1.3	7.1	11.4	14.8	17.6	20.2	22.3	24.2
27	2.1	8.0	12.3	15.7	18.6	21.2	23.3	25.2
28	3.0	8.8	13.2	16.6	19.5	22.0	24.2	26.2
29	3.8	9.7	14.0	17.5	20.4	23.0	25.2	27.2

本规范用词用语说明

1　本规范执行严格程度的用词，采用下列写法：

1）表示很严格，非这样做不可的用词，正面词采用“必须”，反面词采用“严禁”；

2）表示严格，在正常情况下均应这样做的用词，正面词采用“应”，反面词采用“不应”或“不得”；

3）表示允许稍有选择，在条件许可时首先应这样做的用词，正面词采用“宜”，反面词采用“不宜”；

4）表示有选择，在一定条件下可以这样做的用词，采用“可”。

2　引用标准的用语采用下列写法：

1）在标准总则中表述与相关标准的关系时，采用“除应符合本规范的规定外，尚应符合国家和行业现行有关标准的规定”。

2）在标准条文及其他规定中，当引用的标准为国家标准和行业标准时，表述为“应符合《××××××》（×××）的有关规定”。

3）当引用本标准中的其他规定时，表述为“应符合本规范第×章的有关规定”“应符合本规范第×.×节的有关规定”“应符合本规范第×.×.×条的有关规定”或“应按本规范第×.×.×条的有关规定执行”。